"이 세상에서 가장 무서운 게 무엇인가?"

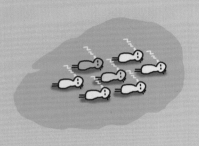

나이가 많이 들어서 나를 돌아볼 때

그때까지 내 안에서 잠자고 있는
수많은 잠재력을 발견할 때이다

이게 모두 나야?

왜 그런 생각이 들었을까?

내 마음 상태를 결정하는 것은 바로 나다!

왜 그런 생각이 들었을까?

초판 1쇄 인쇄 | 2017년 1월 05일
초판 1쇄 발행 | 2017년 1월 12일

지은이 | 최윤규
펴낸이 | 이춘원
펴낸곳 | 책이있는마을
편   집 | 이경미
디자인 | 고니
마케팅 | 강영길

주 소 | 경기도 고양시 일산동구 무궁화로120번길 40-14 (정발산동)
전 화 | (031) 911-8017
팩 스 | (031) 911-8018
이메일 | bookvillagekr@hanmail.net
등록일 | 1997년 12월 26일
등록번호 | 제10-1532호

ISBN 978-89-5639-270-7 (03320)

이 도서의 국립중앙도서관 출판예정도서목록(CIP)은 서지정보유통지원시스템
홈페이지(http://seoji.nl.go.kr)와 국가자료공동목록시스템(http://www.nl.go.
kr/kolisnet)에서 이용하실 수 있습니다.(CIP제어번호: CIP2016030567)

감성으로 배우는 생각 이야기

왜 그런
생각이 들었을까?

최윤규 글 · 그림

책이있는마을

Prologue

알파고 이후 가장 많이 듣는 단어는 상상, 창의, 융합, 감성입니다.

제4의 물결 – 감성과 상상의 시대
제4차 산업혁명의 핵심 – 창의성과 융합

심지어 세계의 유명 석학들이 앞으로 모든 국가의 경쟁력은 '상상력과 창의성'이라고 말합니다.

그렇다면 우리는 어디에서부터 그 생각의 능력을 키워야 할까요?
생활 속에서, 주변에서, 지인들과의 일상적인 대화 속에서… 그런 능력을 키우면 얼마나 좋을까요.

인간의 감성을 가장 잘 다루고, 우리가 쉽게 접근할 수 있는 영화 속에서 저는 그 답을 찾아보았습니다.
영화를 보고 느꼈던 작은 질문들을 누구나 쉽게 접하고 생각 훈련을 해볼 수 있도록 그림과 글로 표현해보았습니다.

책을 보시고 나서, 일상의 사물들을 볼 때 '왜?'라는 호기심으로 세상을 바라보는 기회가 되었으면 좋겠습니다.

Chapter 1. 열정

가슴이 이끄는 일에 도전하라

마음을 통해서
세상을
바라보라

사랑하는 이들은 모두 아름답다

더 중요한 무엇인가를 의식하는 것

나침반은 주인이 원하는 방향을 가리킨다

실패를 인내하게 하는 힘

열정

·

가슴이
이끄는 일에
도전하라

 부산행

〈좀비의 장점〉

1. 뛰어난 재생 능력 – 도마뱀 꼬리처럼….
2. 나를 밟고 넘어가라 – 희생정신
3. 목표는 하나 – 단합: 지들끼리는 안 싸운다.
4. 적을 자기편으로 만든다 – 좀비화
5. 잘하는 게 한 가지 있다 – 청각: 소리에 민감하다.
6. 도구를 쓰지 않는다 – 자신의 몸을 최대한 이용한다.

그렇다면 좀비의 약점은 무엇이라고 생각하는가?

뛰어난 재생 능력

지들끼리는 안 싸운다
단합

청각이 몹시 뛰어남

레지던트 이블 5

죽지 않는 좀비 언데드와 인류의 마지막 희망인 엘리스와의 싸움!
인류를 구하기 위해 포기하지 않고 자신의 최선을 다한다.

당신이 인류의 마지막 희망이라면 무엇을 하시겠습니까?

당신이 한국의 마지막 희망이라면 무엇을 하시겠습니까?

당신이 조직의 마지막 희망이라면 무엇을 하시겠습니까?

인류를 구하기 위해
포기하지 않고
자신의 최선을
다한다.

당신이 인류의
마지막 희망이라면
무엇을 하시겠습니까?

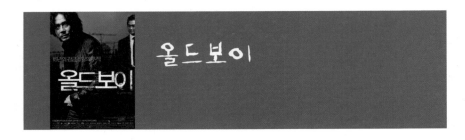

올드보이

당신은 오늘 하는 일과, 이달에 하는 일과, 금년 동안에 할 일들이 15년 뒤의
자신의 목적과 일치하는가?

누군가 나에게 묻는다.
"10년 뒤에 뭐 하실 거 같아요? 20년 뒤에는요?"

나는 주저 없이 대답한다.
"10년 뒤 강의하고 글 쓰고 그림 그리고.
20년 뒤에는 체력이 달려서 강의는 못하고 글 쓰고 그림 그리고.
돈을 많이 벌면 뭐 할 건가? – 글 쓰고 그림 그리고.
돈을 못 벌면 뭐 할 건가? – 글 쓰고 그림 그리고.

지금 제가 하고 있는 일이나 10년, 20년 뒤에 하고 있을 일은 다 똑같아요!"

당신이 10년 뒤에 하고 있을 일을 적어보세요.

최민식을 가둔 사람들은 과연 돈 주고 군만두를 시켰을까? 짜장면 몇 그릇을
주면 군만두가 서비스로 오는가? 그렇다면 감옥 입구에는 적어도 군만두를
서비스로 받을 최소한의 인원(3~5명)은 지키고 있었을 것이다.

15년 동안 먹은 군만두는 어떤 맛일까?
궁금한가? 그렇다면 부산으로 가자!

18

이곳에 갇힌 지도 벌써 15년….
그 15년 동안… 군만두만 먹었다!

…지독한 놈들…

한 가지 궁금한 것이 있다.

어째서 이 중국집은 15년 동안
망하지 않았을까?

그 비결은 무엇일까? 맛? 서비스?

광식이 동생 광태

바람둥이 광태가 사귀던 여자와 결혼하겠다고 말하자 옆에 있던 친구가 펄쩍 뛰며 반대한다.
"결혼은 매일 아침 눈뜨면 그 여자가 네 옆에서 자고 있는 거야. 어때, 졸라 무섭지?"

어느 날 자다가 아내를 바라보았다.
정말 잘 때 모습과 깨어 있을 때 모습이 다르다.
다른 여자들도 다 이럴까?

행복한 결혼 생활의 비결은 무엇이라고 생각하는가?

배우자가 당신에게 무엇을 해주면 행복할 것 같은가?

당신 때문에 속이 타-!

아내가 속상한 일이 있었나 보다.
그날 밤…
잠자는 아내를 바라보는데…
불쌍하고, 고맙고, 사랑스럽고….
'나 때문에 속 타면 안 되는데….'

아내 몰래 이불을 걷고 아내 가슴에 선크림을 발라주었다.
'이제 나 때문에 속 타는 일 없겠지!'

로키

아내는 임신했고, 통장에는 100달러밖에 없었다. 실베스터 스탤론은 집을 나와 거리를 돌아다녔다. 그러다가 무하마드 알리와 웨프너의 헤비급 타이틀전 포스터를 보게 되었다. 울적한 마음도 달랠 겸 그 시합을 구경하던 스탤론은 알리와 15회전까지 대등한 시합을 펼친 웨프너의 모습에서 영화 시나리오가 떠올랐다.

3류 권투선수의 인생 이야기 〈로키〉는 이렇게 탄생했다.
영화사에서는 그 시나리오를 사겠다고 했다. 생활은 힘들었지만 스탤론은 10만 달러의 제안을 거절하였다.

스탤론은 조건을 달았다.
"영화의 주인공은 내가 하겠다. 돈을 안 줘도 좋다. 이건 나의 이야기라서 내가 가장 잘 표현할 수 있다. 대신 성공하면 흥행 수입의 10%를 달라."

28일 만에 제작된 이 영화는 1976년 아카데미 작품상을 수상하며 스탤론에게 부와 명예를 안겨주었다. 그 후 스탤론은 〈로키〉 2 · 3 · 4편의 주연과 감독을 맡아서 할리우드에서 자신의 위치를 확고히 굳혔다.

눈앞의 작은 이익 때문에 인생에 찾아오는 확실한 기회를 놓치지 마라. 지나고 나서 '그때 할걸!' 하고 후회하는 삶을 살지 말자.

보석 줍기!

후회하는 인생은 '껄' 이라는 보석만 줍는다.

…그때 할껄.
…배울껄.
…고백할껄.
…시작할껄.
…투자할껄.
…노력할껄.
……

보람되고 성공한 인생은 '다' 라는 보석만 줍는다.

…노력했다.
…시도했다.
…고백했다.
…배웠다.
…믿었다.

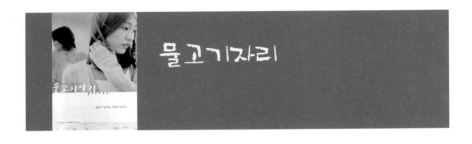

물고기자리

간절히 바라면 얻을 수 있다.
원하는 것을 얻을 수 없다면, 간절히 바라면 된다.
간절히 바라도 얻을 수 없다면 그것은 자신에게 문제가 있는 것이다.

여: 노래해요? 그럼, 가수?
남: 가수라기보다는… 네!
여: 무슨 대답이 그래요.
남: 가수라고 하면 무슨 노래 불렀냐고 물어볼 거 아녜요. 나 같은 놈에겐 그게 얼마나 무서운 질문인데요.

당신을 무섭게 하는 질문은 무엇입니까?
무엇을 이루셨습니까? 무슨 대학 다니니? 남편 직장은? 결혼은? 취업은?
……

간절히 바라도 얻을 수 없다면 그것은 자신에게 무엇인가 또 다른 문제가 있는 것이다.
이 대사에 동의하십니까? 동의하지 않는다면 무엇 때문인지 적어 보세요.

'당신은 씨를 몇 개나 뿌려보셨나요?'

간절히 바라는 것을 얻기 위해선 먼저 씨를 뿌려야 합니다.

때로는 의미 없어 보이는 일들 때문에 괴롭기도 하지만, 그 모든 것들이 모여 지금의 나와 미래의 나를 만드는 것이죠.

당신에게 가장 크게 동기부여를 하는 것은 무엇입니까?

남극 일기

목숨을 걸고 남극 탐험 대장으로 떠나는 송강호가 사람들에게 말한다.
"내가 죽으러 가느냐? 난 거기에 살기 위해 간다. 불가능한 일을 해낼 때 내가 살아 있는 것이다."

〈맨 오브 스틸〉에서 아버지가 슈퍼맨에게.
"네 힘을 아는 길은 끊임없이 한계를 시험해보는 것이다."

당신 스스로 정한 '이건 안 돼.'라는 한계치는 무엇입니까?

26

한계를 탐험하라!

내가 만든 제품이 가장 싸다면, 가장 빠르다면…, 가장 느리다면, 가장 뜨겁다면, 가장 차갑다면…, 가장 사용하기 쉽다면, 가장 능률적이라면…, 타사 제품을 그대로 베꼈다면…, 사용법이 가장 어렵다면, 가장 오래된 제품이라면…, 가장 크거나 가장 무겁다면….
……

…그렇다면 어떻게 될까?

당신은 자신의 한계를 알고 있는가? 그 한계는 스스로가 정하는 것이다. 고정관념의 틀에서 벗어나야 한다.

한계가 있다면 반드시 그것을 실험해보자.
블루오션의 시작일지도 모른다.

성경에 '운명(運命)'이라는 단어는 없다!

밀리언 달러 베이비

37일 만에 촬영을 끝낸 〈밀리언 달러 베이비〉로 아카데미 감독상을 수상한 클린트 이스트우드가, "75세의 연세에 어떻게 이런 작품을 만드셨습니까?"라는 질문에 시상식에서 대답했다.

"내 생각에 나는 그저 어린애입니다. 나는 아직 할 일이 많습니다. 70년을 넘게 살아서 좋은 게 뭔지 아십니까? 뭘 해도 괜찮다는 것입니다."

영화 〈역린〉에는 《중용》 23장의 내용이 나온다.

최선을 다해야 한다. 작은 일에도 최선을 다하면 정성스럽게 된다. 정성스럽게 되면 겉으로 배어 나오고, 겉으로 드러나면 이내 밝아지고, 밝아지면 남을 감동시키고, 남을 감동시키면 이내 변하게 되고, 변하면 생육된다. 그러니 오직 세상에서 지극히 정성을 다하는 사람만이 나와 세상을 변하게 할 수 있는 것이다.

당신은 사람들에게 어떤 인물로 기억되기를 바랍니까?
삶을 사는 방식이 산다는 것 자체보다 중요합니다.

"이 세상에서 가장 무서운 게 무엇인가?"

나이가 많이 들어서 나를 돌아볼 때, 그때까지 내 안에서 잠자고 있는 수많은 잠재력을 발견할 때이다.

나는 네가 지난여름에 한 일을 알고 있다

일이 점점 커지네.

ıııı1111

노스캐롤라이나의 작은 어촌, 고등학교 졸업 행사에서 술을 마신 네 명의 주인공 줄리, 헬렌, 레이, 배리는 7월 4일 축제의 여흥을 만끽하며 도로를 질주한다. 하지만 음주 운전으로 사람을 치어 죽인 이들은 당황하여 어찌 할 바를 모른다.

"우린 음주 운전이야….”
"뺑소니로 잡혀갈 거야….”
"우린 사형당할지도 몰라.”

이들은 자신들이 처한 상황을 멋대로 해석한다. 정보 부족으로 잘못된 판단을 하고, 사고 신고를 하면 정상참작이 될 수도 있는데 순간적 위기를 모면하려 일을 점점 크게 만든다.

이성적 판단이 흔들리는 이런 일들이 인생에 닥칠 때 나는 어떻게 하면 좋을까?

도무지 해결책이 보이지 않을 때…

자신에게서 멀리 떨어졌을 때,
자신과 무관해졌을 때에만
스스로의 문제를 바로 볼 수 있다!

뷰티풀 마인드

1949년 27쪽짜리 논문 하나로 150년 동안 지속되어 온 경제학 이론을 뒤집고 신경제학의 새로운 패러다임을 제시한 천재 수학자 존 내시. 그 공적을 인정받아 수상한 1994년 노벨상 수상식 소감에서 그는 이렇게 말한다.

"나는 방정식과 논리만 평생을 연구했는데… 그런데… 무엇이 진정한 논리입니까?"

"저는 그동안 물질적 세계와 형이상학적인 세계와 비현실적인 세계에 빠졌다가 이렇게 돌아왔습니다. 이제 저의 연구 활동에서 가장 소중한 것을 발견했습니다. 어떤 논리나 이성으로도 풀 수 없는 신비한 사랑의 방정식을 말입니다."

아내를 바라보면서.

"그리고 난 깨달았습니다. 당신은 내 존재의 이유이고 나의 모든 이유는 당신입니다."

당신이 평생을 바쳐서 추구하는 목적은 무엇입니까? 혹시, 허상을 붙잡고 있지는 않습니까?

영화 〈약속〉에서.

"저 산이 내 꺼인디 팔지 않고 가지고 있다가 죽은 사람과…, 저 산이 내 꺼이 아인디 내 꺼라고 생각하다 죽은 사람…, 그 둘은 뭐가 다를까?"

도룡검법(屠龍劍法)

한 남자가 전 재산과 평생의 노력을 바쳐서 용을 잡을 수 있는 도룡
검법을 배웠다.
그런데…

그런데 어디 가서 용을 찾지?
……
용이 없어!

…이것 참.

위험한 대결

인간이다!
도망쳐~

화재로 부모님과 집을 한꺼번에 잃은 보들레르가의 세 남매인 바이올렛, 클로스, 서니. 부모로부터 엄청난 유산을 상속받았지만, 아이들의 유산을 노리는 사악한 친척 올라프 백작을 만나게 된다. 유산을 빼앗기 위해 그는 온갖 비열한 방법을 서슴지 않는다. 아이들은 올라프의 마수로부터 도망쳐 파충류학자 몽고메리 삼촌의 집으로 도망친다. 몽고메리 삼촌의 집에서 뱀을 보고 아이들이 놀라자 삼촌이 얘기한다.

"사실 뱀이 인간을 더 무서워한단다. 그런데 대부분의 사람들은 그걸 몰라!"

조세핀 숙모는 너무 쓸데없는 걱정을 많이 해서 아이들에게 주의를 준다.

"냉장고 곁에 가지 마! 냉장고가 넘어지면 깔려. 문손잡이 잡지 마. 부서져서 파편이 100만 개가 되어서 눈에 들어갈지도 몰라."

〈걱정증명서〉 발급 사무소
1급: 1분에 한 번씩 앞날에 대해 걱정한다.
2급: 하루에 세 번 내일 일을 걱정한다.
3급: 3일에 한 번씩 걱정 때문에 잠을 못 이룬다.

당신은 과거, 현재, 미래 중 어디에 집중합니까?

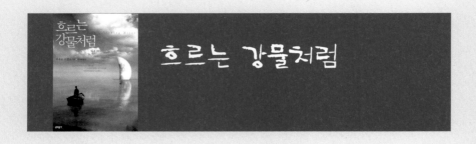

흐르는 강물처럼

1900년대 초, 스코틀랜드 출신 장교로 장로교 목사 리버런드 매클린(톰 스커릿)은 아들 노먼(크레이그 셰퍼)과 폴(브래드 피트), 부인(브렌다 블레신)과 함께 몬태나 주 강가의 교회에서 살면서, 낚시를 종교와 같은 정도로 소중하게 생각하고 즐긴다.

자유분방한 생활을 하던 둘째 아들 폴이 어느 날 갑자기 길에서 폭행당해 사망하자 아버지는 사랑하는 사람을 잃은 상실감에 깊은 고뇌에 빠진다.
1990년에 사망한 전설적인 장로교 목사 노먼 매클린의 자전적 이야기를 영화화했는데, 영화 마지막 장면에서 노먼의 아버지가 죽을 때까지 사랑하던 아들 폴을 못 잊어 교회에서 사랑에 대해 설교를 한다.

"우리는 누구나 일생에 한 번쯤은 사랑하는 사람이 불행에 처한 걸 보고 이렇게 기도합니다. '기꺼이 돕겠습니다, 주님!' 그러나 사실, 필요할 때 우리는 가장 가까운 사람을 거의 돕지 못합니다. 무엇을 도와야 할지도 모르고, 때로는 그들이 원치 않는 도움을 제공하기도 합니다. 이렇게 서로 이해 못하는 사람과 산다는 걸 우리는 알아야 합니다. 그렇다 해도 우린 사랑할 수는 있습니다. 완전한 이해 없이도 우리는 완벽하게 사랑할 수 있습니다."

"이별이 가혹한 이유도 세상이 다시 밋밋했던 옛날로 돌아가기 때문일 겁니다."

– 영화 〈연애소설〉

아내와 자녀가 당신에게 다가갈 수 있는 통로가 있습니까?

자녀가 왜 그런 행동을 하는지 완전히 이해할 수는 없어도, 아내가 왜 잔소리를 하는지 완전히 이해할 수는 없어도… 우리는 그들을 완벽하게 사랑할 수는 있습니다.

부족함 투성이인 당신을 완벽하게 사랑하는 가족이 있는 것처럼.

캐리비안의 해적
망자의 함

영화 초반 엘리자베스는 윌과 결혼할 찰나에 베켓 경이라는 인물 때문에 위험에 처한다. 해적 소탕의 야심을 품고 있는 베켓은 윌과 엘리자베스에게 죄목을 씌워 둘을 처형하겠다고 으름장을 놓는다. 블랙 펄의 저주는 사라졌지만, 대신 그보다 더 끔찍한 재앙이 기다리고 있었다. 엘리자베스는 약혼자 윌을 찾기 위해 약삭빠른 해적 선장 잭 스패로에게서 나침반을 훔치려 한다. 이때 잭이 말한다.

"이 나침반은 북쪽을 안 가리켜!"
"그럼, 어딜 가리키지?"
"주인이 원하는 방향을 가리키지."

무엇을 위해 사는가?
나는 왜 사는가?
삶의 목적은 무엇인가?

인생의 의의와 목적을 쉽게 알 수는 없지만 우리는 그것을 찾아야 하고
믿음과 실천으로 진리를 향해 나아가야 한다.

방향이 없는 사람은 물질, 욕망, 육체 만족, 돈 등을 위해 산다.
동물과 무슨 차이가 있겠는가?

분명한 비전을 가지고 노력할 때 하나님의 나침반은 우리를 바르게
인도해줄 것이다.

스파이더맨 2

영웅에게도 아픈 곳이 있다. 자신의 존재를 말하지 못하는 스파이더맨은 '나는 누구인가?'라는 심각한 정체성의 위기를 맞게 된다. 결국 정신과 의사와 상담을 한다.

"선생님, 저는 밤마다 벽을 오르려다 떨어지는 스파이더맨의 꿈을 꿉니다."

"그건 당신이 벽을 오르려는 스파이더맨이 되려고 하지 않아서 그렇다. 그래서 계속 떨어지는 것이다. 그러나 스파이더맨이 되고 안 되고는 언제든지 당신이 선택할 수 있다."

우리는 모두 더 늦기 전에 자기의 정체성을 찾는 시간을 가져야 한다.

휴식! ⋯⋯⋯⋯자아를 찾는 시간!

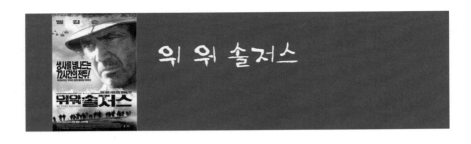

위 워 솔저스

미국은 베트남과의 전면전을 개시하기에 앞서, 베트남의 지형을 극복하는 방안으로 공수부대를 파견하여 헬기 공습 시험전을 펼친다. 그리고 이 시험 전투의 책임을 하버드 대학 석사 출신의 전략가 할 무어 중령(멜 깁슨)에게 맡긴다. 무어 중령은 파병 전 부대원들에게 연설한다.

"...동료들을 돌보아라. 왜냐하면 그들이 여러분들을 돌봐줄 것이기 때문이다. 나는 여러분 모두를 살려서 돌아올 것이라고 약속할 수는 없다. 그러나 맹세한다. 우리가 전장에 투입될 때 내가 처음 앞장서는 사람이 될 것이고, 물러설 때는 내가 마지막까지 남을 것이며, 아무도 내 뒤에 남겨두지 않을 것이다. 죽어서든 살아서든 우리는 모두 함께 집으로 돌아갈 것이다."

리더란 무엇인가?

산악인 故 박영석 대장.
"리더십? 별것 없다. 내 것 안 챙기면 된다. 대장이 자기 것부터 챙기는데 어떤 대원이 자기 목숨을 걸고 좇아오겠는가? 내 것을, 내 것부터 모두 내놓아야 한다."

가수 김태원.
"리더란 두 개를 주고 한 개 받는 데 익숙해져야 한다. 그리고 세 개를 주고 아무것도 못 받는 데는 더욱 익숙해져야 한다."

마음의 문을 닫고 사는
리더가 있나요?

출입금지

안전지대

출입금지

사람들은
열린 마음으로 감싸주는 지도자를 희망합니다.
솔선수범하고 앞장서며 부하들의 안전을 책임지는
리더를 따르고 싶어 합니다.

오늘, 가슴속에 그들이 쉴 수 있는 안전지대 하나 만드세요.

변호인

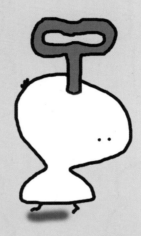

우리는 무의식적으로 어떤 힘에 복종하고 있다고 생각하는가?

정치인, 판사, 검사,
형사, 군인… 그리고 우리!

왜 상식적으로 말도 안 되는 명령에
복종하는 걸까?

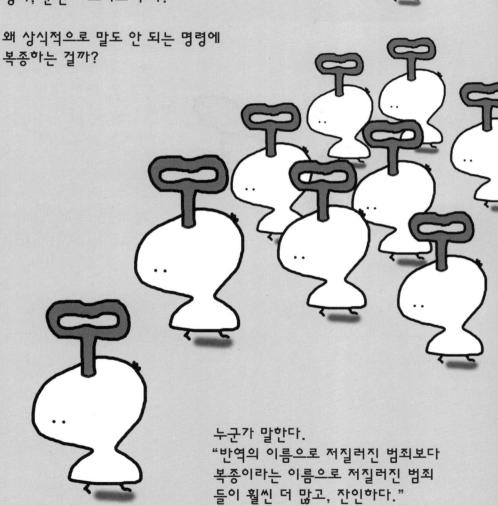

누군가 말한다.
"반역의 이름으로 저질러진 범죄보다
복종이라는 이름으로 저질러진 범죄
들이 훨씬 더 많고, 잔인하다."

돼지의 왕

난, 돼지가
될 수 없어!

배부른 돼지보다는
배고픈 소크라테스가 되라!

우리는 우리들 삶의 가치를 알고 있다고 생각하는가?
그렇다면 그것은 무엇인가?

돼지는 말이야…,

살면서 자기 살을 찌우는 게
유일한 행복이라고 생각한 거야.

사람들이 주는 먹이를
누가 더 빨리
더 많이 먹을까 고민하고,

그래서 자기가 더 살찌는 게
자기를 더 행복하게 만드는
거라고 생각하지.

하지만
그 살들은 자기 자신의 것이 아니야.

사람들의 먹이로서
그 살이 존재한다는
사실조차 모른단 말이야.
도마뱀 꼬리처럼

나니아 연대기

"낚시할 때 뭐가 달려 나올지 알고 하는가? 몰라. 그냥 미끼를 던져보는 것이여. 그놈은 낚시를 하는 것이여. 뭐가 달려 나올지는 모르는 것이지."
– 영화 〈곡성〉

"당신을 낚아채는 미끼는 무엇입니까?"

1950년 영국에서 처음 발간된 이후 지금까지 29개국 언어로 번역, 전 세계적
으로 1억 부가 판매된 C. S. 루이스(Clive Staples Lewis)의 슈퍼 베스트셀러
판타지 동화 연작을 영화화한 작품이다.

제2차 세계대전, 독일의 침략 하에 놓인 영국 런던에 살던 네 남매 피터, 수전,
에드먼드, 루시는 공습을 피해 디고리 키르케 교수의 시골 별장으로 보내진다.
그곳에서 신비스런 옷장을 발견하는데, 그 옷장은 바로 나니아 왕국으로 통하
는 마법의 통로였다.

그곳에서 나쁜 '하얀 마녀' 제이디스의 유혹에 빠져든 셋째 에드먼드는 '터키
과자' 의 미끼에 빠져 형제들을 배반한다. 과자 하나 때문에….

당신을 유혹하는 터키과자는 무엇입니까?

세상을 보는 시선

·

마음을 통해서 세상을 바라보라

로봇

그가 하루 종일 생각하고 있는 것,
그 자체가 그 사람이다.

"나는 돼지(豚)구나!"

사람들과 똑같이 다양한 직업을 가진 로봇들만의 세상. 이곳의 로봇들은 개인의 희망에 따라서, 부모님의 가르침에 의해 각자 그에 맞도록 부품을 업그레이드하여 어른이 된다.

선배 로봇이 주인공 로드리에게 충고하는 말.

사람은 누구나 자기 인생의 주인공이다. 현실이 힘들고 주변 상황이 어려워도 자기의 인생 대본은 자신밖에 쓸 수 없다.

내가 만드는 영화의 작가, 연출가, 배우는 바로 '나' 다.

"죽지 마라. 죽으려면… 전설이 된 후에 죽어라."

– 영화 〈은밀하게 위대하게〉

내 생에 가장 아름다운 일주일

당신에겐 있나요? 가장 아름다운 일주일이….

가난 때문에 고달프고 인생이 힘들지만 둘의 사랑만큼은 언제나 달콤해야 한다고 믿는 젊은 부부(임창정, 서영희). 지하철에서 물건을 팔며 어렵게 생활하는 젊은 남편과 그를 도우려 아르바이트를 하다가 유괴범으로 몰리는 아내의 이야기가 영화 종반에 나온다.

형사(황정민)가 지하철에서 유괴범을 붙잡은 후 살려달라고 비는 모습을 보고 외친다.

"그래, 살려줄게! 이 세상에 너로 인해 행복한 사람이 단 한 사람이라도 있으면 내 살려준다!!!"

고등학교 2학년 때 수업 시간에 선생님이 같은 반 친구를 세워놓고 말했다.
"널 위해 자기 양말을 입에 물고 일어서는 친구가 한 명이라도 있다면 용서해주마."
말이 끝나자마자 친구 하나가 양말을 입에 물고 일어섰다.

당신으로 인해 행복한 사람을 적어보세요.

**"쓰레기의 미래가 뭔지 알아?
쓰레기통밖에 갈 곳이 없다는 거야."**

– 영화 〈모던 보이〉

집 안에 있는 쓰레기는 더럽고 기분 나쁘게 느끼면서 매일 수없이 쏟아붓는 마음속 쓰레기는 어떻게 느껴지시나요?

혹시 사람들 가슴속에 쓰레기를 쏟아붓고 있지는 않으신가요? 이제 사랑과 정성을 부어보세요.

당신에게 생길 거예요.
당신으로 인해 행복한 사람이!

매디슨 카운티의 다리

로버트 제임스 월러의 세계적인 베스트셀러를 영화화한 작품이다.

직업 사진작가인 로버트 킨케이드(클린트 이스트우드)는 1965년 가을판《내셔널 지오그래픽》잡지에 실을, 로즈만의 다리와 할리웰의 다리 사진을 찍기 위해 매디슨 카운티에 도착한다. 길을 잃은 그는 잘 정돈된 한 농가에서 남편과 두 아이가 나흘간 일리노이 주의 박람회에 참가하러 떠난 후, 혼자 집에 있는 프란체스카 존슨(메릴 스트리프)을 만난다.

여유로워 보이는 전원생활을 하는 프란체스카에게 로버트가 묻는다.
"현재의 생활이 행복한가요?"
"어릴 적 꿈꾸던 그런 생활은 아니에요."
"꿈이 있었다는 것, 그것만으로도 기쁜 일이지요. 못 이루었어도 내 꿈이었으니까요!"

금메달이 없어서 만족할 수 없다면 그것을 얻는다 해도 만족할 수 없다.
– 영화〈쿨 러닝〉

꿈조차 없는 자들이 되지 말자!

영화〈파파로티〉에서 건달(조진웅)이 음악을 하는 후배(이제훈)에게.
"넌 이 패스트푸드점에 있는 사람들 중에서 누가 제일 불쌍하냐? 바로, 나다."
"왜요?"
"난 꿈이 없잖아. 난 너 같은 재능 있으면 이렇게 안 산다."

게으름은 타고난 본성의 문제가 아니라
그 사람 마음에 뿌리내린 그릇된 자기 사랑의 표현이다.

아무리 게으른 자라도 자기 좋아하는 일은 열심히 한다.
게으름 때문에 자신의 사명을 놓치는 자가 되지 말자.

당신의 꿈을 책으로 만든다면, 제목은?

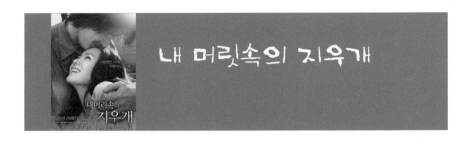

"용서란 미움에 방 한 칸만 내어주면 되는 거야."

제 마음속에 들어와보세요.
당신을 위한 빈자리를 준비해두었습니다.

사랑이라는 이름으로밖에는 설명할 수 없는 약속이 있다. 다른 사람을 사귀는 것만이 배신이 아냐. 네 맘속에 나를 지워버리는 것도 내게는 배신이야.

– 영화 〈약속〉

"누군가를 사랑하고 있을 때 사랑하는 사람과 함께 보는 세상은 이전과는 다릅니다. 이른 봄에 피어나는 꽃들이 이렇게 키가 작았었나. 여름날의 밤하늘에 이토록 별이 많았었나. 떨어져 뒹구는 나뭇잎들이 이처럼 고운 빛깔이었나. 한겨울 가로등 불이 이렇게 따스한 주황빛이었나. 익숙했던 모든 풍경들에 새삼 감탄하는 경우가 얼마나 많아지는지요. 어쩌면 사랑이란 잃었던 시력을 찾는 일인지도 모르겠습니다."

– 영화 〈연애소설〉

난 자신 있어. 그건 나만이 할 수 있는 사랑이야. 네가 걸을 때, 난 너의 발을 부드럽게 받쳐주는 흙이 될 거야. 네가 슬플 때, 난 너의 작은 어깨에 기댈 고목나무가 될 거야. 네가 힘들 때, 난 두 팔 벌려 하늘을 떠받친 숲이 될 거야.

– 영화 〈편지〉

누군가의 빈자리가 되고 싶고,
누군가의 고목나무가 되고 싶고,
어제와는 세상이 다르게 보인다면…
당신은 사랑에 빠진 것이다!

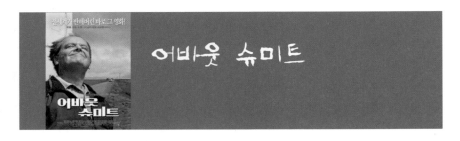

어바웃 슈미트

누구나 겪게 될 인생의 황혼을 다룬 코믹 드라마.
"당신도 언젠가 늙게 된다!"

평생을 몸담았던 보험회사 부사장에서 66세에 은퇴한 슈미트. 출근할 곳도 없는데 오전 7시면 기상하고, 자기가 없으면 회사가 안 돌아갈 것 같아 조바심 내지만, 걱정되어 찾아간 회사가 문제없이 돌아가는 모습에 실망을 하고 집으로 돌아온다.

취미는 늙은 와이프 구박하기. 그러면서 매일 같이 있다 보니 아내의 사소한 행동들이 모두 다 불만스럽다. 그러던 어느 날, 6살 난 탄자니아 소년 앤두구를 후원하면서 인생의 변화를 받아들인다.

"앤두구에게. 나도 어렸을 땐 내가 아주 특별한 줄 알았단다. 무슨 훌륭한 사람이 되는 게 당연한 운명처럼 느껴졌지."
"근데 난 무엇을 달라지게 한 거지?"
"이 세상이 나 때문에 뭐가 더 좋아진 거지?"
"내 인생이 다른 사람들에게
무언가 영향을 주었을까?"

슈미트의 후원을 받은 앤두구가
답장을 보내왔다.
"…당신이 행복해지길 기도합니다.
당신이 머물던 모든 시공간 속에서…"

당신이 없으면 회사가 무너질 것 같다.
당신이 없으면 국가가, 가정이, 학교가, 사회가…
멈출 것 같다.

자만심이 들 때, 또는 휴가 가기 전에…

양동이를 가져와 물을 가득 채우고 거기에 손을 담그십시오. 이제 손을 빼고, 거기에 얼마나 큰 구멍이 남는지 지켜보십시오. …그것이 바로 당신 공백의 크기임을!

주어진 일에 최선을 다하면서 이것 한 가지만 기억합시다.

없어서는 안 될 사람은 이 세상에 없다는 것을!

은퇴 후 슈미트처럼
후회하지 않으려면
지금 당신 가슴이
이끄는 일에
도전해보세요.

일주일 휴가를 내어도
오늘 밤을 새워도
비상금을 털어
여행을 떠나도…
세상은 아무런
변화가 없지요.

변하는 건 당신뿐이죠!

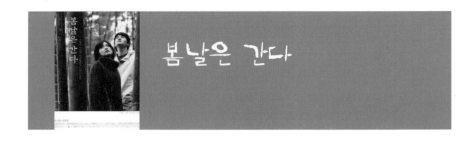

봄날은 간다

음향 녹음기사 상우(유지태)는 어느 겨울에 지방 방송국 라디오 PD 은수(이영애)를 만난다. 자연의 소리를 채집해 들어주는 라디오 프로그램을 준비하는 은수는 상우와 물소리, 바람 소리, 새소리, 갈대 소리, 대나무 소리를 녹음하러 여행을 떠난다.

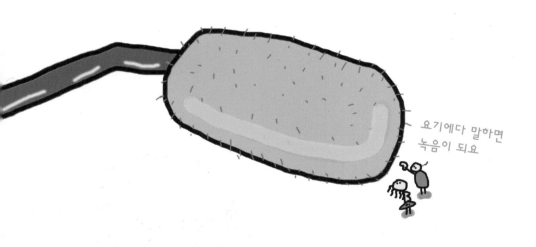

요기에다 말하면
녹음이 되요

만약, 내 인생의 소리를 녹음한다면 어떻게 들릴까?
내가 하루 동안 내뱉는 말이 모두 녹음된다?
인생의 봄날이 다 지나가면 난 누굴 의지해야 할까?

"어떻게 사랑이 변하니?"

사랑은 변하는 것입니까, 변하지 않는 것입니까?
이유는 무엇입니까?

세상은 변한다.

"라면 먹고 갈래요?"

질문 1: 저는 고 2 여자입니다! 제가 좋아하는 오빠가 저한테 '라면 먹고 갈래? 배고프다.' 이래서 '나 라면 먹었는데.'라고 했는데, 친구들이 막 놀려요. '라면 먹고 갈래?'가 무슨 뜻이에요? 제 친구들은 야한 거라는데 왜 야한 거예요?

질문 2: 여친이 톡으로 '집에 와서 라면 먹고 갈래?' 해서 늦었으니 못 간다고 거절했습니다. 좀 있다 여친에게서 '바보'라고 답이 오더군요. 제가 뭘 잘못한 건가요?

영화 속에서 유지태가 소파에 앉아 기다리는 동안 라면을 끓이던 이영애가 뒤돌아 다시 묻지요.
"자고 갈래요?"

2016년 초에 〈라면 먹고 갈래?〉라는 에로영화도 나왔다.

"힘들지. 버스와 여자는 떠났을 때 잡는 게 아니란다."

Mr. 히치
당신을 위한 데이트 코치

알렉스 히치(윌 스미스)는 성공률 100%를 자랑하는 뉴욕의 전설적인 데이트 코치가 직업이다. 쉽게 말하면 연애하는 기술을 가르쳐주는 일이다. 어느 날, 그에게 의뢰한 남자 손님에게 첫 데이트 때 해야 할 일들을 가르쳐준다.

"첫째, 당신을 빙산이라고 생각해요. 10%만 보여주세요. 당신 매력의 90%는 물속에 있어요.

둘째, 현재 당신 앞에 있는 여자 한 사람에게만 집중하세요.

셋째, 데이트가 끝나고 집으로 바래다주면서 키스가 하고 싶을 때는 당신의 입술 90%만 그녀 입술에 다가가고 일단 멈추어야 합니다. 그리고 잠깐만 기다리세요.

나머지 10%는 그녀가 다가오게 기다려야 해요."

오호!
90%까지만 다가가라고…
…이제 다 넘어왔다. ^^

성공과 기회는 당신 앞 90%까지 다가와서 멈추어 선다.
나머지 10%는 당신의 노력으로 다가가야 합니다.

배우가 꿈인 두 소년이 있었지요. 같은 동네에 사는 벤 애플렉과 맷 데이먼입니다.

벤은 먼저 배우가 되었지만, 맷 데이먼은 기회가 잘 주어지지 않았습니다. 하버드 대학을 중퇴하고 준비하던 각본을 벤과 함께 완성했습니다.

영화사에서는, 시나리오는 맘에 들어 했지만 무명인 맷 데이먼을 주인공으로 쓰고 싶어 하지 않았습니다. 그렇게 3년을 겉돌던 대본은 새로운 영화사에서 맷 데이먼을 주인공으로, 벤 애플렉은 친구 역으로, 선생님 역에 로빈 윌리엄스를 캐스팅하고, 거스 밴 샌트 감독의 연출로 제작됩니다.

영화 〈굿 윌 헌팅〉은 2억 달러가 넘는 수익과 아카데미 각본상을 수상합니다. 이 후 맷 데이먼은 스타로 성장합니다.

실패하지 않는다는 보장이 있다면 무엇을 하고 싶은지 당신의 생각을 적어보세요?

"내 각본의 주인공은 내가 해야 해." – 맷 데이먼

주유소 습격사건

"왜?"

사회를 떠도는 청춘들이 느닷없이 주유소를 턴다.
왜? …… 이유는 없다.
단지 등장인물 각 개인마다의 아픔이 있고, 그 아픔을 털어내는 방법으로 폭력을 택했을 뿐이다.

어린 시절의 상처를 치유하지 못하면 사람은 누구나 정상적인 눈으로 사회를 바라볼 수 없다.

"넌 왜 그렇게 세상을 삐딱하게 보니?"라고 묻기 전에 그 사람 속에 응어리진 상처를 풀어주려고 노력하자.

당신이 스트레스를 해소하는 방법은 무엇입니까?

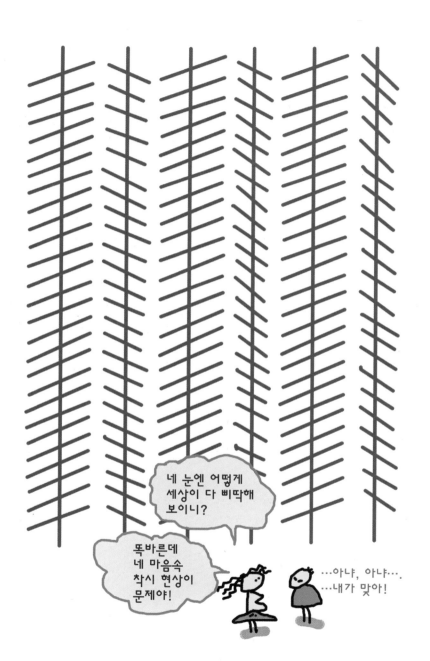

거북이도 난다

이라크 국경 지역의 쿠르디스탄. 미국의 이라크 침공이 임박했다는 소문에 사담 후세인의 핍박을 피해 많은 사람들이 몰려들어 난민촌을 형성한다. 나름대로 살아가는 방법을 찾아나가는데 그들 가운데 '위성'이라는 소년은 지뢰를 내다 팔고 무기를 사두는 등 나름대로의 생존 방식을 터득하여 난민촌에 없어서는 안 될 사람으로 인식되고 있다.

위성은 마을에 위성 안테나를 달아주고 엉터리 통역을 하며 이라크 전쟁 발발 여부에 관심을 갖는 어른들을 상대로 영악한 돈벌이를 한다.
외부 세계의 소식을 전해주는 TV에 모두들 관심을 쏟고, 그 TV 안테나를 다룰 줄 아는 위성은 어른들에게 감히 얘기한다.

"지금 상황에선 뉴스가 돈이에요!"

난민들에겐 뉴스가 돈을 넘어 희망이다.

21세기엔 정보를 가진 자가 세상을 지배한다. 이제 그 정보를 넘어 세상은 정보화 사회에서 '개념 & 감성'의 사회로 바뀌어 간다고 대니얼 핑크는 그의 책 《새로운 미래가 온다》에서 밝히고 있다.

이렇게 급변하는 세상 속에서 뒤처지지 않고 살아남으려면 어떻게 해야 하는가?

알파고 이후, 상상의 시대에 우리가 갖춰야 할 요소는 무엇인가?

"나와랏! 만능열쇠."

산적해 있는 각종 문제들을 해결하기 위한 열쇠는 평소에 얼마나 준비되어 있었나에 달려 있다.

머릿속에서 무언가를 빼내려면, 먼저 무엇인가를 집어넣어야 한다.

지식과 정보사회에서 상상력과 창조성 사회로!
앞으로 모든 국가의 경쟁력은 '상상력과 창조성'이다.

파이란

위장 결혼하여 한 번도 보지 못한 신랑. 말 한번 못 붙여봤건만… 손 한번 못 잡아봤건만… 그가 경찰서를 드나드는 삼류 건달인 걸 알았지만… 그래도 낯선 이국땅에서 내가 마음을 건넬 수 있는 신랑이기에… 죽기 전에 그에게 마지막 편지를 씁니다.

강재 씨…
당신을 사랑해도… 되나요?

강재 씨, 결혼해주셔서 고맙습니다. 강재 씨가 결혼을 해주셨기에 한국에서 계속 일을 할 수 있습니다. 여기 사람들 모두 친절합니다. 같이 일하는 아주머니도 손님도 모두 친절합니다. 바다도 산도 아름답고 우아합니다. 계속 여기서 일하고 싶습니다. 감사합니다.
바다 소리가 들립니다. 강재 씨도 들립니까?
모두 친절하지만 강재 씨가 제일 친절합니다. 나와 결혼해주셨으니까요. 진심으로 감사합니다.

내가 죽으면 만나러 와주시겠습니까? 만약 오신다면 부탁이 하나 있습니다. 저를 당신의 무덤에 같이 묻어주시겠습니까? 당신의 아내로 죽는다는 것, 괜찮으시겠습니까? 응석 부려서 죄송합니다. 제 부탁은 이것뿐입니다.
바다 소리가 들립니다. 비가 내립니다. 매우 어둡습니다.
죽는 것이 무섭고, 아프고, 괴롭지만 참고 있습니다.
강재 씨, 매우 좋아합니다. 세상 누구보다도 당신을 좋아합니다. 아픔과 괴로움이 무서워서가 아니라 당신을 생각하며 울고 있습니다. 매일 밤 잠잘 때 꼭 그렇듯이 당신의 사진을 보면서 웁니다. 늘 그렇게 했지만 다정한 당신의 사진을 보면서 웁니다. 슬픔이 힘든 게 아니라, 고마워서 눈물이 납니다.

당신에게 줄 수 있는 것 아무것도 없어서 죄송합니다.
…마음으로 사랑하고 있는 세상의 어느 누구보다… 강재 씨…강재 씨…
…안녕!

세상은 날 삼류라 하고
이 여자는 날 사랑이라 한다!

영화 마지막 장면. 파도치는 방파제 위에서 파이란의 편지를 읽던 최민식은
통곡을 한다.

왜 좀 더 일찍 오지 않았을까?
왜 좀 더 일찍 만나지 않았을까?
왜 좀 더… 왜 좀 더….

세상은 당신을 실패자라 해도
당신을 사랑이라 부르는 사람은 누구입니까?

우리 형

1990년대, 고교 같은 반에 연년생 형제가 재학 중이다.
잘생긴 얼굴에 싸움까지 잘하는 동생(원빈)과 한없이 다정하고 해맑은 형(신하균). 어린 시절부터 언청이 장애로 태어난 형만 편애하던 어머니(김해숙) 때문에 동생은 항상 반항적이고 형에게 불만이 많다.

어느 날 동생은 형에게 묻는다.

"니는 얼굴 그렇게 태어난 것 신경질 안 나나?"
"책에서 읽었는데, 이 세상에는 이유라는 게 있다 카더라.
내가 이렇게 태어난 것도 이유가 있지 않겠나!"
"그 책 누가 썼는데?"
"…ㅎㅎ…내가 썼다."

당신은 어떤 눈으로 세상을 보십니까?
긍정의 눈입니까, 부정의 눈입니까?

아직도 색안경 쓰고 보시나요?
당신이 보는 세상은 무슨 색인가요?

혹시 지금 마음의 상처가 있습니까?
그 상처가 세상을 부정적으로 바라보게 하나요?
어떻게 하면 긍정적으로 바뀔까요?

구세주

머리에 든 것 없고 폼만 열라 잡고 실속 없고 제멋에 사는 철없는 바람둥이 정환(최성국)이 대학 생활 중 가장 기다리던 여학생과 연합 MT에 갔다가 그 어떤 남학생도 관심 가져주지 않는 최고의 폭탄 은주(신이)를 익사 직전에 구해주게 된다.

물속에서 은주를 구해 나오면서 멋진 척하지만, 그가 정말 하고 싶었던 말은,

"누가 날 밀었어?"

그러나 영웅이 되고 싶어 하고 잘난 척하고 싶어 하는 정환은 그 말을 못하고 자신이 구해준 은주의 거짓 익사 연기에 속아서 그녀의 손아귀에서 벗어나지 못한다.

"누가 날 밀었어?"

소중한 생명을 구한 순간, 누구라도 영웅으로 치켜세우고, 스스로도 뽐내고 싶어 하는 마음이 들게 마련이다.
이럴 때 과감히 "누가 날 밀었어?"라고 말하며 슬쩍 군중 속으로 사라지는 사람이 되어보자. 타인의 목숨을 구하면서도 자신을 드러내지 않는 그런 사람이 되어보자.

물에 빠진 사람을 구해주면 보따리 내놓으라고 덤빌 수도 있다.
그래도 도와주자. 단, 계산적이지 않으면서 겸손하게….

당신의 혀에게 '겸손'을 가르쳐라!

배움과 겸손은 내가 알지 못한다는 것을 인정하는 것부터 시작된다.

포레스트 검프

아이큐 75의 포레스트 검프. 다른 아이들과 똑같은 교육의 기회를 주기 위해 무엇이든 희생하는 어머니는 검프에게 말씀하셨다.

"인생은 초콜릿 상자와 같다.
네가 어떤 초콜릿을 먹게 될지 아무도 모르니까."

TV 드라마 〈김삼순〉에서 삼순이는 현진헌에게 얘기한다.

"제가 만든 초콜릿은 제가 만든 상자에 넣자는 게 제 원칙이에요. …음, 초콜릿 상자에는 한 사람의 인생이 담겨 있거든요. 포레스트 검프라는 영화 보셨죠. 거기 보면 엄마가 하는 이야기가 나와요. 기억 안 나세요?"

자기만의 인생!
자기만의 초콜릿을 만들자!
당신이 무엇을 집어 드느냐에 따라 인생이 달라진다.
…모든 선택은 나에게 달려 있기에.

인생은 가끔 맛없는 것도 먹어봐야 한다.

난 가장 맛없는
부분부터 먹어.
나중에 맛있는
것을 먹을 수
있으니까^^

난 가장 맛있는
부분부터 먹어!
다음엔 맛없는 것을
먹어야 하니까.

인생에 정답은 없습니다.
당신 인생의 초콜릿 상자에 5개의 단어를 넣는다면?

1.   2.   3.   4.   5.

씨…ㅠㅠ
난 선택권도 없어.
만날 짬밥이야!

식스 센스

8살 난 콜 시어(헤일리 조엘 오스먼트)는 정신적인 충격에 빠져 있다.
그의 눈에 죽은 자들의 모습이 보이고, 그들이 자신들의 억울한 죽음에 대해
콜에게 뭔가를 호소한다.

늘 우울하고 버림받은 듯한 모습으로 군인 장난감을 가지고 놀면서 격한 그림
과 글을 쓰고, 때로는 환영을 보고 묘한 소리를 질러대는 콜을 엄마는 이해하
지 못한다.
그런 엄마에게 콜은 죽은 할머니가 다녀갔었다고 말한다. 도저히 믿지 못하겠
다는 엄마에게 콜은 얘기한다.

"엄마가 젊은 시절 할머니 무덤에서 물었지요.
그 질문에 대한 할머니의 대답은 '언제나~'였대요."

그 소리를 듣고 엄마는 흐느껴 울기 시작한다.
콜은 엄마에게 다시 묻는다.

"엄마가 뭐라고 물으셨어요?"

"내가 엄마한테 사랑스런 딸이에요?"

만약에 사랑에도 유효기간이 있다면 나의 사랑은 만년으로 하고 싶다.
- 영화 〈중경삼림〉

사랑도 언젠가는 추억으로 그친다는 것을 알고 있습니다. 그러나 당신만은 추억이 되질 않았습니다. 사랑을 간직한 채 떠날 수 있게 해준 당신께 고맙단 말을 남깁니다.
- 영화 〈8월의 크리스마스〉

사람은 향기를 지니고 산대요.
그리고 그 향기를 피우면서 살고요.
그 향기가 다 날아가면 그때 사람은 죽는가 봐요.
그런데 어떤 사람은 죽어도 향기가 나는 사람이 있대요.
그리고 그 향기를 다른 이에게 옮기는 사람도 있고요.
그럼 그 좋은 향기가 영원히 퍼질 수 있겠죠?
나… 그 사람의 향기를 알아요.
언제나 어디서든 눈을 감으면 맡을 수 있어요.
- 영화 〈동감〉

언제나~!

언제나 생각나는 사람,
언제나 한결같은 사랑을 주는 사람… 있나요?

여교수의 은밀한 매력

심천대학 만화과 강사로 부임한 만화가 석규(지진희)는 맘에 들지 않는 만화 편집장의 전화번호를 핸드폰에 입력할 때 편집장의 이름 대신 '개새끼'라고 저장해놓았다.
그래서 편집장에게서 전화가 올 때면 항상 핸드폰에 '개새끼'라고 뜬다.

나는 타인에게 '개새끼' 같은 존재로 저장되어 있지는 않은가?
나는 타인을 '개새끼'처럼 취급하지는 않는가?

한 지인은 핸드폰에 부모님은 '은혜', 아내는 '사랑', 장모님은 '감사' 등으로 저장을 해두었다고 한다. 그 얘기를 듣고 나도 부모님=감사, 아내=사랑으로 변경해서 핸드폰에 저장해두었다.

받고 싶지 않은 사람의 전화는 어떤 이름으로 저장해두나요?

여자가 핸드폰에 번호를 입력해주자…,

"쓸모없는 전화기라고 생각했는데…
이제 가장 중요한 것이 되었네요."

– 영화 〈어바웃 타임〉

"내가 전화할 때마다
넌 어디에 있었니?"

어느 순간
무엇 때문에…
그 중요함이
사라지고
다시
쓸모없는
전화기가
될까요?

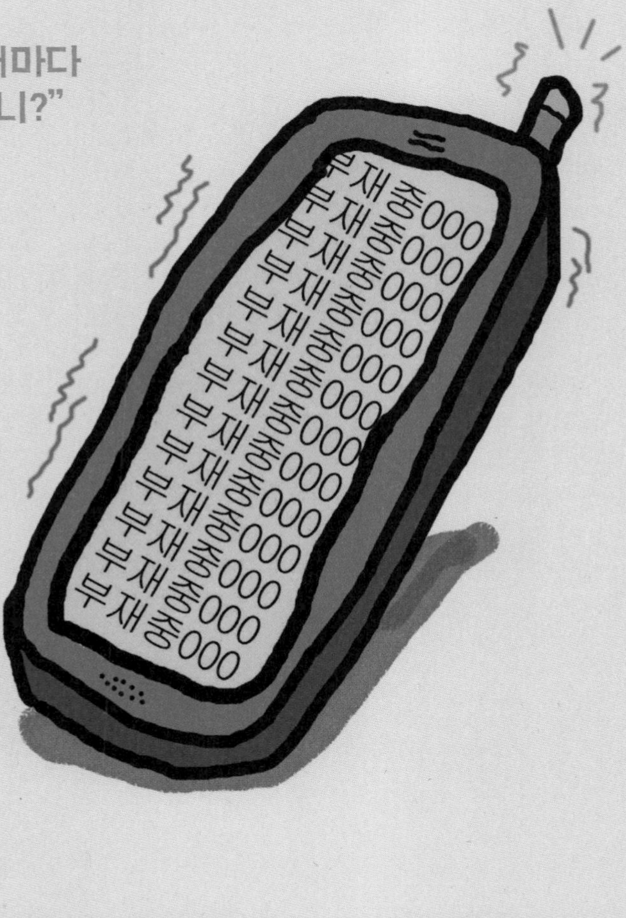

부재중000
부재중000
부재중000
부재중000
부재중000
부재중000
부재중000
부재중000
부재중000
부재중000
부재중000
부재중000

모든 비극의 시작!

왕의 남자

영화 〈왕의 남자〉의 주인공인 광대 장생과 공길은 모든 사람이 인생을 살아가면서 겪게 되는 인생의 3단계를 경험한다.

첫째, 시골 장터를 떠도는 광대패 속에서 장생과 공길은 먹고살기 위해 공연을 펼친다. 생존의 욕구를 충족시키기 위해서다.

둘째, 임금 연산군 앞에서의 공연은 장생과 공길, 자신들의 목숨을 부지하기 위한 절박한 공연이었다. 내 한목숨 살리기 위해서다. 임금이 웃지 않으면 죽은 목숨이기 때문에….

셋째, 장녹수의 음모로 공길이 죽을 위기에 처하자, 장생은 자신의 목숨을 내어놓는다. 누군가를 구하기 위해 멋들어진 한판 공연을 펼친다.

우리는 삶을 살면서 먹고살기 위해 발버둥 친다. 그러다가 생존의 욕구가 해결되면 내 한목숨 어떻게 하면 더 재미있게 살 수 있을까, 즐길 수 있을까 고민하게 된다. 여기에서 끝나서는 안 된다. 장생처럼 결국 우리는 사랑하는 사람을 위해서 자신을 희생할 수 있는 사람으로 성장하여야 한다.

당신을 위해 자신의 목숨을 희생할 사람이 있는가?
만약, 있다면 누구인가?

이미 자신의 목숨을 희생하여 당신을 구한 분이 계시다면 당신은 어떻게 할 생각인가?

장생과 공길은 생존의 문제에 쫓기고…
연산군은 그들을 시기해서 죽이려고 뒤쫓고….

사실 연산군이 뒤쫓고 있는 것은
치유되지 않은 과거의 상처이다.

어쩌면 그는 그 상처에
쫓기고 있는지도 모른다.

인간의 힘으로 치유할 수
없는 상처는 어떻게 하면 될까?

브로드웨이를 쏴라

마피아 두목 닉에게는 무식한 3류 쇼걸인 올리브라는 애인이 있다. 어느 날 닉은 올리브에게 흑진주를 선물한다. 흑진주를 보고 실망한 표정으로, 올리브가 닉에게 말한다.

"그게 뭐예요?"
"진주잖아!"
"진주는 흰색이잖아요?"
"이건 흑진주야."
"흑진주? 그건 들어본 적도 없어요."

"당신이 못 들어봤다고, 세상에 없는 물건이 아니야."

못 들어봤는데-.
그런 건 없어

우기지 좀 마!
내 눈에 안 보여도
내 귀에 안 들려도
존재하는 것들이 있어!

사람은 너무 느리게 움직이는 것은 볼 수 없다.
지구가 움직이는 게 보이는가?

사람은 너무 빠르게 움직이는 것도 볼 수 없다.
빛이 움직이는 게 보이는가?

사람은 너무 큰 것도 볼 수 없다.
하늘 저편 우주가 보이는가?

사람은 너무 작은 것도 볼 수 없다.
지금 마시는 물속의 미생물이 보이는가?

그럼, 이건 쉬운데… 당신 뒤에 있는 건 보이는가?

아무것도 안 보인다고요?
그렇다면 당신은 소경이다. 눈뜬 소경이다.

**그런데도 당신 눈으로 직접 보지 않은 것은
믿지 않으려 하는 이유는 무엇인가?**

상상력은 지식보다 소중하다.

– 아인슈타인

사랑

·

사랑하는 이들은 모두 아름답다

플라이트플랜

3만 7000피트 상공을 날고 있는 최신형 점보 비행기 안에서 어린아이가 실종되었다. 항공 엔지니어인 카일 프랫(조디 포스터)은 남편의 장례식을 위해 딸과 함께 베를린에서 뉴욕으로 가는 비행기를 타고 가던 중 딸이 감쪽같이 사라지고, 승무원들과 승객들은 그녀의 딸이 비행기에 탑승한 적조차 없다고 한다. 아무도 딸의 존재를 인정하지 않는다.

카일은 그들 모두에게 외친다.
"내가 미친 게 아니라, 당신들 모두 미쳤어."

진실은 무엇인가?
믿지 않는 그들에게 어떻게 진실을 설명해줄 수 있을까?

누구의 도움도 못 받고, 되레 정신이상자라는 오해를 받으면서도 그녀는 딸의 흔적을 찾아 나선다.

결국 딸을 찾아내는 것은 엄마의 사랑의 힘이다.

"사랑하는 걸 어떻게 숨겨요.
거짓말해도 소용없어요."

– 영화 〈인간중독〉

가가가가가가가가가가가가가가가가가가가가가가가가가
가가가가가가가가가가가가가가가가가가가가가가가가가
가가가가가가가가가가가가가가가가가가가가가가가가
가가가가가가가가가가가가가가가가가가가가가가가가
가가가가가가가가가가가가가가가가가가가가가가가가
가가가가가가가가가가가가가가가가가가가가가가가가
가가가가가가가가가가가가가가가가가가가가가가가가
가가가가가가가가가가가가가가가가가가가가가가가가
가가가가가가가가가가가가가가가가가가가가가가가가
가가가가가가가가가가가가가가가가가가가가가가가가
가가가가가가가가가가가가가가가가가가가가가가가가
가가가가가가가가가가가가가가가가가가가가가가가가
가가가가가가가가가가가가가가가가가가가가가가가가
가가가가가가가가가가가가가가가가가가가가가가가가
가가가가가가가가가가가가가가가가가가가가가가가가
가가가가가가가가가가가가가가가가가가가가가가가가
가가가가가가가가가가가가가가가가가가가가가가가가
가가가가가가가가가가가가가가가가가가가가가가가가
가가가가가가가가가가가가가가가가가가가가가가가가
가가가가가가가가가가가가가가가가가가가가가가가가
가가가가가가가가가가가가가가가가가가가가가가가가가

다른 글자 하나를 찾아보세요.

사랑은 어디에 있든 찾아내는 것이다!

이보다 더 좋을 순 없다

강박증 증세가 있는 로맨스 소설가 멜빈 유달(잭 니컬슨).
뒤틀리고 냉소적인 성격인 멜빈은 다른 사람들의 삶을 경멸하며, 사소한 것에 목숨 걸고 사람들을 비꼰다.
강박증 때문에 외출을 싫어하고, 길을 걸을 땐 보도블록의 틈을 밟지 않고, 사람들과 부딪치지 않으려고 한다. 특히 타인이 나의 질서를 깨뜨리는 것을 용납하지 않는다. 식당에 가면 언제나 똑같은 테이블에 앉고, 가지고 온 플라스틱 나이프와 포크로 식사를 한다. 사람들은 모두 이런 그를 싫어한다.

강박증이 있는 사람은 큰 것을 못 보고 작은 일에 전전긍긍하게 된다.
사물과 사람에 대한 편견을 가지게 되고, 불안과 분노, 타인에 대한 적대성이 커지게 된다.

평생 혼자 살기 싫다면 이런 강박증을 치료해야 한다.

먼저 자신의 실수와 실패를 인정하고, 사물과 인생을 단순하게 생각해야 한다. 그럴 때 큰 그림이 보인다.
'내 불안감의 원인이 무엇인가?'
원인을 찾는 훈련을 꾸준히 해야 한다.
하루에 5분만이라도 명상의 시간을 가져야 한다.
가장 중요한 것은 주인공 멜빈이 이웃의 작은 강아지 한 마리 때문에 변화되었듯이 열린 마음을 가지는 것이다.

닫힌 마음엔 아무도 못 들어간다.

방어막을 걸고
들어갈 문을
열어줘!

자기 욕심, 불평
쉽게 흥분하기
돈, 명예, 불만
고집 부리기
세상 속으로
교만, 분노
무원칙
혼자 놀기
자기만족
잘난 척하기
자기중심
미성숙 인격

"고집부리고, 교만함이 앞을 막고 있어서
접근할 수가 없군!"

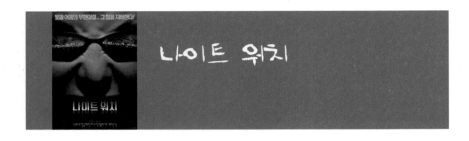

나이트 워치

빛의 세력과 어둠의 세력 간의 전쟁이 그칠 줄 모르고 계속되던 어느 날….
빛과 어둠의 능력을 모두 가진 특별한 존재인 안톤에게 꼬마가 묻는다.

"아저씨는 빛의 편이에요, 어둠의 편이에요?"
"나는 빛의 편."
"그럼, 저는요?"
"그건 네가 선택하기에 달려 있다!"

당신은 어느 편인가요?

"노예 안 해요, 내가 안 해요! 내가 안 한다는데 누가 날 강제로 시키는 거요."
　　　　　　　　　　　　　　　　　　　　- 영화 〈노예 12년〉, 솔로몬 노섭

당신은 당신 인생에서 무엇을 선택했습니까?
내 삶의 주인은 나인데…
혹 내 인생에서 노예처럼 살고 있지는 않습니까?

나쁜 생각이 들 때마다
하얀 벽 위에 까만 점 하나씩 찍으세요.

검은 벽 위에 하얀 점 하나씩 찍으세요.

지금 당신의 마음 벽은 무슨 색입니까?

내 마음…!
완전 젖소 됐어.

친절한 금자 씨

금자 씨 대사 중에서….

"내 안의 천사는 내가 부를 때만 나타난다!"

'좀 더 자주'…라고?
…너나 잘하세요.

좀 더 자주
나타나면
안 되겠니~?

"난 8개의 시체로 만들어졌어. 난 너희와 달라."
"다르지 않아!
단지, 네가 괴물처럼 행동할 뿐이야. 네 마음먹기에 달렸어."
– 영화 〈프랑켄슈타인〉

삶의 철학이 '비굴하게 살자'인 창수.
어느 날 사랑에 빠지더니 가치관이 바뀌었다.

"내 인생의 모토는 '비겁하게 살자'야. 그런데, 남의 인생만 대신
살아주지 말고 딱 한 번만 내 마음이 이끄는 대로 살아보고 싶다."
– 영화 〈창수〉

당신 속의 천사를, 갈망을, 재능을… 꺼내어보세요.

자신에게 주어진 시간을 가지고 무엇을 할지 결정하는 것은 오직 각자의 몫이
다. 중요한 것은 너에게 주어진 시간에 무엇을 하느냐이다.
– 영화 〈반지의 제왕〉

해리 포터

영화 〈해리 포터〉의 주인공 대니얼 래드클리프는 영화 한 편으로 영국 최고의 스타가 되었다.

한 기자가 물었다.
"영국 최고의 청소년 부자가 되었는데, 느낌이 어때요?"

"내가 가진 돈이 얼마인지 잘 모르겠어요. 돈이 많다는 것은 좋은 일이지만 그렇다고 제가 세상을 보는 눈이 바뀌지는 않아요."

16살밖에 안 된 소년의 말이다.

로또 한 장만 당첨되면 멋진 인생을 살 거라고 매주 복권을 구입하는 마흔 살 넘은 당신과는 인생관부터가 다르다.

누군가 얘기했다.
부자가 되면 자기가 망가지거나, 그렇지 않다면 최소한 그 사람 마누라는 망가진다고….

로또 100억에 당첨되면 무엇을 할 것인가?

성공한 두 사람이 있다.

5000명분을 혼자 가진 사람.

5000명을 먹이는 사람!

어떤 사람이 되고 싶으세요?

5000명, 50만 명… 대한민국을 먹여 살리는 사명감과 소명 의식이
불타오르는 지도자가 되세요.

태극기 휘날리며

1950년 6월, 한국전쟁으로 형 진태(장동건)와 동생 진석(원빈)은 강제징집되어 전장으로 나가게 된다. 형은 어떻게든 동생을 살려서 어머니가 계신 곳으로 돌려보내기 위해 대대장과 면담을 한다. 이때 진태는 훈장을 받으면 동생을 전역시킬 수 있다는 말을 듣게 된다.

애국심이나 반공, 민주 사상도 없이 오직 동생만을 살려야 한다는 이유 하나로 전쟁 영웅이 되어가고 있는 형을 보면서 동생이 외친다.

" 내 핑계 대지 마!"

누군가 이런 말을 했다.
"아담이 한국 사람이었다면 선악과를 먹기 전에
뱀부터 잡아먹었을 것이다."

이건 이래서 안 되고요.
저건 저래서 안 되고요.
시간이 없어서 안 되고요.
돈이 없어서 안 되고요.
제가 잠이 많아서 안 되고요.
팀장 얼굴 보기 싫어서 일 못하겠고요.
……

아, 핑계 대지 마!

"그럼, 너는 무엇이 불가능한지 어떻게 알지?
혹 이렇게는 생각해보지 않았니.
'내가 가능한 건 무엇이지?'라고."

"언젠가 네가 왕이 된다면 이해할 것이다!"

– 영화 〈호빗〉

때가 되면 동생은 형의 마음을 이해하겠지.
때가 되면 자녀는 부모의 마음을 이해하겠지.

마음이 커지고 생각이 커지면… 부모의 마음이 이해되듯 현재 어렵다고 핑계
대는 그 일들도 다 가능하다고 느껴질 거야.
그때까지 조금만 기다려봐.
핑계 대지 말고.

"공부하려는 것, 핑계 같아. 그냥 네가 좋아하는 것 계속해. 끝까지
한번 해봐. 네 한계가 어디인지, 깊게 파봐."

– 영화 〈우리 선희〉

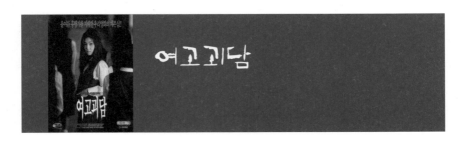

진주가 아직
학교를 다니고 있어~!

의문의 살인 사건이 벌어지고 있는 여자 고등학교.
귀신으로 나타나 학교를 공포로 몰아넣은 대상은 9년 전 무당의 딸이라는 이
유로 담임과 친구들에게 따돌림을 당하면서 결국 사고로 죽은 진주라는 여학
생이었다.

시인 김용택은, 이 시대의 진짜 귀신은 공부 귀신, 일등 귀신, 일류
대 귀신, 고득점 귀신, 촌지 귀신…이라고 한다.

친구를 경쟁 대상으로 만든 학교 교육의 폐해가 진짜 귀신의 공포가 아닐까?

나 혼자 잘살겠다고 친구를, 이웃을, 동료를… 수렁 속으로 빠뜨리는 우리 자
신의 모습을 반성해보자.

"애들아! 우리가 힘을 합쳐서 이걸 끌어당기면
인간을 잡아먹을 수 있어."

멘 인 블랙 2

영화 〈멘 인 블랙 2〉에 '머리 둘 달린' 외계인이 등장한다.
그 외계인을 보면서 이런 생각이 들었다.

'저 사람은 한 사람인가, 두 사람인가?'

기준을 몸에 둔다면 그는 한 사람이다.
기준을 영혼에 둔다면 그는 두 사람이다.
몸이 죽어도 두 개의 영혼이 남기 때문이다.

당신이라면 어떻게 판단할 것인가?

《탈무드》에 그 해답이 있다.

먼저 한쪽 머리에 뜨거운 물을 붓는다.
그 순간 나머지 한쪽 머리가 뜨겁다고 외친다면 그 사람은 한 사람이다.

만일 나머지 한쪽 머리가 아무런 반응이 없다면 그 사람은 두 사람이다.

당신은 한 사람입니까, 두 사람입니까?

당신 속에는 당신의 자아가 있습니다.
그 자아에게 물어보세요.
"네가 정말 원하는 게 뭐야?"

정답을 들었을 때 당신은 자신이 한 사람인지 두 사람인지 판단하게 될 것입니다.

로키

1975년 필라델피아.
스파링이나 작은 시합으로 생계를 유지하는 3류 권투선수 로키는 돈벌이를
위해서 채권 심부름과 폭력을 행사한다. 그런 로키의 생활을 지켜보는 체육관
관장은 안타까운 마음뿐이다. 로키는 그런 관장에게 오히려 불만을 표현한다.

"왜 6년간이나 제게 이런 식으로 대해요?"
"이유가 알고 싶나?"
"알고 싶어요, 왜 그러시는지."
"알려주지. 넌 훌륭한 선수가 될 자질이 있어. 그런데도 넌 고리대
금업자 하수인 노릇이나 하고 있어. 그게 이유야!"
"그건 제 직업이에요."
"아니야, 넌 네 인생을 낭비하고 있는 거야!"

멍게는 동물일까, 식물일까?

"멍게는 처음엔 동물이었는데 나중엔 식물이 되요. 야는 태어날 때는 뇌가 있
었는데요, 바닷속에 한곳에 뿌리내리고 살기 시작하면 뇌를 소화시켜 버린대
요."
                                        – 영화 〈또 하나의 약속〉

생각만 하지 말고 행동으로 옮겨라!

엑스맨 3

아직 어린 소녀 진 그레이가 자신의 능력을 잘 모르고 있을 때, 돌연변이들의 능력을 인류와 공존하는 데 사용하도록 가르치는 초능력 학교 뮤턴트의 교장 자비에 교수가 찾아온다. 자비에 교수는 진의 부모의 허락을 받아서 진에게 얘기한다.

"진! 네가 생각하는 것보다 넌 더 강력하단다. 문제는 네가 그 힘을 조종할 것인가, 아니면 그 힘이 널 조종하게 할 것인가란다."

뮤턴트 학교의 선생님들은 학생에게 얘기한다.

"한 개인이 큰 힘을 얻었을 때 그걸 바르게 쓰느냐, 잘못 쓰느냐가 중요한 거란다. 힘을 좋은 일을 위해서 쓸지 개인을 위해서 쓸지…, 또는 파괴적인 일에 쓸지는 스스로에게 물어야 한다."

큰 힘에는 반드시 큰 책임이 따른다.

- 영화 〈스파이더맨〉

사람은 자기의 단점 때문이 아니라
장점 때문에 무너진다.

센과 치히로의 행방불명

가족과 함께 이사를 가던 열 살짜리 소녀 치히로는 아빠가 운전 중에 길을 잘
못 들어 낡은 터널을 지나가게 된다. 이곳에서 마법으로 아빠와 엄마는 돼지
로 변해버리고 치히로는 부모님을 구하기 위해 마을에서 온천장의 종업원으로
로 일을 하게 된다. 다행히도 치히로는 온천물을 데우는 가마 할아버지를 만
나게 된다.

가마 할아버지는 손이 열 개인데 하루 종일 쉬지 않고 일만 한다.

"가마 할아버지는 보통 사람들보다 5배나 손이 많은데도 왜 그렇게 바쁜 걸
까?"

가끔씩 나도 손이 열 개쯤 되었으면 좋겠다는 생각을 해보았다.
그렇게 바쁘게 일해도 인생이 힘든 이유는 무엇일까?

"누가 너더러 죽도록 일만 하라고 했니?"

똥 누면서도
전화 받는 세상!
천천히 살고 싶다.

한 달밖에 못 산다면
꼭 하고픈 3가지는 무엇입니까?

1.

2.

3.

그걸 지금 하면 왜 안 될까요?

마다가스카

뉴욕 센트럴파크 동물원의 사자 알렉스와 얼룩말 마티, 기린 멜먼, 임신한 하마 글로리아는 서로 친구 사이이며 태어난 이후 단 한 번도 동물원 밖으로 나간 적이 없다.

어느 날, 펭귄들의 도움을 받아 동물원을 탈출하여, 아프리카행 배에 오르게 된다. 항해 도중 사자와 동물들은 바다에 빠지고, 이들은 미지의 섬 마다가스카 해변까지 떠내려간다.

이 섬에는 원숭이들이 살고 있는데, 그들을 괴롭히는 하이에나 때문에 원숭이들은 항상 위험에 노출되어 있었다. 그런데 표류되어 섬에 들어온 사자 알렉스가 하이에나보다 힘이 세다는 것을 알게 된 원숭이들은 사자를 왕으로 삼자고 회의를 한다.

"사자가 하이에나를 쫓아내도록 우리가 사자와 친하게 지내자."라고 한 원숭이가 제안을 하자, 다른 원숭이가 심각하게 말한다.

"그런데, 우리가 하이에나보다 사자를 더 무서워해야 하는 거 아닐까?"

우리는 인생을 살아가면서 가끔씩 선택의 순간을 겪게 된다. 삶의 고난과 위험을 피하려고 더 큰 힘을 지닌 존재를 찾게 되는데 오히려 그 존재 때문에 인생 전체를 망치는 피해를 당할 수도 있다. 예를 든다면, 당장의 어려움을 모면하기 위해 사채를 끌어 썼다가 원금의 열 배 이상의 이자를 갚고도 그 빚에서 헤어 나오지 못하는 경우 같은 것이다.

급할수록 현명하게 판단하도록 노력하자.

내가 진정 무서워해야 할 것은 무엇인가?
지금 처한 문제를 해결하려면 가장 먼저 무엇부터 해야 하는가?

삶은 나에게 무엇을 원하는가?

이 상황은 나에게 무엇을 원하는가?

어떤 일에 대해 어떤 반응과 태도를 선택할지는 전적으로 자신에게 달려 있다. 그 선택을 잘하기 위해서는 먼저 의미를 발견하는 것이 중요하다.
– 비틀스

의미는 만드는 것이 아니라 발견하는 것이다.
그런데, 의미는 찾지 않으면 발견할 수 없다.
선택의 순간에 의미를 찾으면 후회하지 않는 판단을 할 수 있다.

우리의 삶은 어떤 의미가 있는가?
우리가 하는 일은 어떤 의미가 있는가?

괴물

"우리 아빠는 복권 사러 나갔어요. 그런데 당첨이 되었는지 6년째 집에 들어오지 않아요."

- 영화 〈아이언 맨 3〉

때로는 정신 나간 부모도 있습니다.
얼이 빠져 가치와 판단 능력을 잃어버린 부모도 있습니다.
그러나 동물이든 사람이든 내리사랑은 변함이 없습니다.

영화 〈인생은 아름다워〉에서 강제수용소로 잡혀가게 된 귀도와 아들. 귀도는
어린 아들이 수용소의 실상을 보고 공포에 떨 것을 염려합니다.
그래서 아들에게 "우리가 하는 건 게임이야."라고 거짓말을 합니다. 재미있는
게임 여행을 떠난 것이니까 독일군에게 들키지 말아야 한다고 말합니다. 사형
을 당하러 가는 자리에서도 너무 재미있어 죽겠다는 표정을 지으며 아들을 지
킵니다.

아버지는 딸 현서를 괴물에게 잃은 장남 강두의 속마음을 아시고 둘째 아들과 딸에게 강두를 이해하라면서 말씀하신다.

"새끼를 잃은 부모의 속 썩은 냄새를 맡아보았니?
부모는 자식의 방구 소리만 들어도 이놈이 오늘
컨디션이 B인지 B+인지 알 수 있단다."

부모란 무엇입니까?

아버지의 역할, 엄마의 역할은 무엇입니까?

할로우 맨

중학교 시절 친구들과 놀다가, "야, 너 만약에 투명인간이 된다면 제일 먼저 뭘 할 거야?"라는 질문을 한 적이 있다. 나도 마찬가지지만 끼리끼리 논다고, 친구 녀석들 대부분의 대답이 "여탕에 가볼 거야!"였다.

엄청난 능력이 생겼는데 기껏 하는 일이 개인의 정욕과 욕심을 채우는 일이었다. 당시는 어린 나이라서 그런가 했는데, 이런 개인 욕심은 어른이 되어서도 별반 바뀌지 않음을 깨닫게 되었다.

미국 정부는 최고의 과학자들을 구성해 투명인간 실험을 추진하고, 박사 카인은 동물 실험에 성공한 후 바로 자신에게 투명인간 실험을 강행한다. 엄청난 능력을 지니게 된 카인이 하는 일은 투명인간이 되어 이웃집 여인을 엿보고 범하는 짓이었다.

동양이나 서양이나 인간의 원초적 본능은 어쩔 수 없는가 보다.
만약 주인공이 여자였다면 남자가 목욕하는 것을 엿보았을까?

당신이 투명인간이라면 하고 싶은 것을 적어보세요.

영화보다 영화 카피가 더 기억에 남는다.
보이는 것만이 전부는 아니다!

이 소리는 투명인간이 뛰어가다가 유리문에 부딪히는 소리입니다!
유리문 조심하세요. 항상 나보다 강한 상대가 있음을 잊지 맙시다.

마파도

로또 1등 당첨 복권을 들고 잠적한 여자를 찾아, 지도에도 없는 수상한 섬 '마파도'로 신분을 위장하고 잠복해 들어온 형사 충수(이문식).
섬 전체 인구 5명, 모두 여자 100%인 이상한 섬 마파도.

섬 주민 5명의 여인들은 모두들 저마다 가슴 아픈 사연을 가지고 살고 있다.
형사 이문식이 마을 할매 김수미에게 묻는다.

"할매는 사연이 없어요?"
"사연? 사연이란 게 고무신 바닥의 껌 같은 거여. 떼어낼려고 해도 잘 떨어지지가 않아."

…왜 이렇게
안 떨어져….

찌~익

116

떼어낼 수 없다면…
그냥 받아들여라.

실패했던 일
상처받았던 일
가족의 죽음
가출
폭행
범죄
실직
멍청한 결정
실연
포기
비난
불만
……
……

기뻤던 일과 가슴 아팠던 모든 사연들이 모여
결국 오늘의 나를 만든 것이기에….

"이제 당신의 모습 그대로를 보여주세요!"

매트릭스

네오처럼 날아오는 위험을 피할 수 없다면…?

…받아들여라!

인생의 가장 중대한 문제나 사건에 부딪힐 때는
홀로 그 문제와 사건에 맞닥뜨려야 한다.
아무도 도와주지 않는다.

사람들은 고통이 닥칠 때 세 부류로 나뉜다.
첫째, 고난에 져버리는 약자의 태도.
둘째, 고난을 피하는 비겁자의 태도.
셋째, 고난을 극복하는 승리자의 태도.

받아들일 수 있는 용기란, 두려움이 없는 것이 아니라
더 중요한 무엇인가를 의식하는 것이다.

첨밀밀

라디오에서 'I will still loving you'라는 노래가 흘러나왔다.
멜로디와 가사가 맘에 들어서 직원에게 물어보았더니 〈첨밀밀〉이라는 영화의
주제곡이라고 했다. 영화 주제곡 때문에 난 뒤늦게 이 영화를 보게 되었다.

1986년, 중국 본토에서 홍콩으로 가는 열차 속에서 소군(여명)과 이요(장만
옥)의 운명적 만남으로 시작하여, 헤어지고 다시 만나는 사랑과 인생을 다룬
영화였다.

이요는 돈을 벌어 호화로운 생활을 누리겠다는 야심찬 꿈이 있었고, 그 꿈을
이루기 위해 햄버거 가게, 영어학원, 청소, 꽃집 아르바이트, 카세트테이프 장
사, 주식 투자 등… 돈을 벌기 위해서라면 억척같이 일에 매달렸다.

그렇게 벌어서 '무엇에 쓸 것인가'라는 목적 없이, 그녀의 꿈은 오로지 호화롭
고 사치스런 삶이었다.

〈빅터 프랭클린이 19세에 발표한 사상〉

1. 우리는 삶의 의미에 대해 스스로 답을 찾아내야 하며 우리 자신의 존재를
책임져야 한다.

2. 삶은 우리가 마지막 숨을 거두는 순간까지 의미가 있으며, 지금 궁극적인
의미를 이해하지 못하더라도 우리는 믿음을 갖고 그 의미를 추구해야 한다.

지금 당신이 돈을 버는 목적은 무엇입니까?

"일 고따구로 할 거야?"

일을 제대로 하려면 먼저 목표가 분명해야 한다.

사람들 가슴속에는 저마다의 운전수가 있다. 자신의 인생이 올바른
방향으로 가게 하기 위해서는 "운전해."라고 지시하기 전에 목표를
먼저 알려주어야 한다.

용기

·

더 중요한
무엇인가를 의식
하는 것

실미도

"목숨을 살려주면 어떤 일이든 하겠는가?"
"네, 과거의 전과 기록을 없애주시고 살려만 주십시오.
무슨 일이든 하겠습니다! 이제 새 삶을 살고 싶습니다."

남들은 평생 한 번 받는다고 하는 세례를 난 두 번 받았다. 장로교회에서 세례를 받고 나서, 이사해서 옮긴 침례교회에서 침례를 또 받았다.

그런데 왜 나는 새 삶을 못 사는 걸까?

면접 볼 때.
"입사만 시켜주시면 무슨 일이든 다 하겠습니다!"
그런데 왜 3개월만 지나면 불평불만이 늘어날까?

당신 회사의 장점 10가지만 적어보세요.

조건과 환경, 상황에 따라 완전히 자유로울 수는 없지만 적어도 나의 태도에 따라 대처 방식을 선택할 수 있다.

"수용소에서, 유대인들 중 일부는 돼지처럼 행동하고 일부는 성자처럼 행동하는 것을 목격했다. 사람은 자신 안에 그 두 가지 가능성을 모두 갖고 있다. 어느 것이 활성화될 것인지는 조건이 아닌 우리가 하는 결정에 달려 있다."

– 빅터 프랭클린

아라한 장풍대작전

2003년, 계룡산이 아닌 서울 도심 한복판. 평화로운 세상을 지키기 위해 '절대내공' 생활도인들이 고층 빌딩 사이에 정체를 숨기며 살고 있다.

뛰어난 재능을 가진 그들이 하는 일이란, 생활비를 벌기 위해서 700전화 서비스(사주풀이)를 하거나 밤무대 나이트클럽에서 차력술을 보여주는 정도였다.

도사 한 명이 답답한 심정을 말한다.

"도대체 이 공중부양 능력을 써먹을 데가 없어!"
"난 형광등 갈 때 쓰는데."

당신에게 주어진 재능을
어떻게 사용하고 있나요?
재능이 있다는 사실을
알고나 있나요?

내가 잘하는 것은 무엇일까?

내가 좋아하는 것은 무엇일까?

라스트 사무라이

황제와 국가에 목숨 바쳐 충성해온 사무라이 대장 가쓰모토(와타나베 켄).
그는 서양 문물의 도입으로 개혁의 홍역을 앓고 있는 일본의 전통문화를 지키
고 사무라이가 수세기 동안 목숨 걸고 지켜온 가치관을 유지하기 위해 최선을
다한다. 그러나 서구화를 받아들여 자신들의 지위를 확고히 하기 위한 황제의
측근들에 의해 사무라이 집단을 제거하려는 음모에 휘말리게 된다.

이때 황제가 신식 군대 조련을 위해 알그렌(톰 크루즈)을 교관으로 초빙하면서
가쓰모토는 알그렌과 대결하게 된다. 그 과정에서 포로가 된 알그렌은 자신이
뜻밖에도 사무라이에 대해 연민과 동질 의식을 느끼고 있음을 깨닫는다.

알그렌은 목숨을 걸고 정부군과 대결하는 가쓰모토에게 진심으로 묻는다.

"자네가 이런다고 운명이 바뀔 거라고 생각하나?"

"최선을 다해야지. 운명이 찾아올 때까지!"

당신이 살면서 최선을 다한 일은 무엇입니까?
몇 가지나 됩니까? 적어보세요.

방송에서, 40대 이후 복부 비만은 성인병의 원인이라는 의사 선생님 충고를 듣고 열심히 운동을 하겠다는 각오로 헬스장에 등록을 했다.

그날 처음으로 운동을 하니 온몸이 다 뻐근하고 몸에서 알통이 솟아나는 느낌이 들었다.

오우!
대단해…, 대단해!

다음 날 아침 사무실에 출근해서 직원들에게, "어때, 알통이 나오는 것 같지? 팔의 근육이 막 땅겨." 하고 말했다.

"사장님, 그건 근육통이에요!"
"…헉!"

시간과 노력의 투자 없이 얻어지는 결과물은 이 세상에 하나도 없다. 그런데도 우리는 자주 그 사실을 망각하고 엄청난 결과물을 기대한다.

언제나 최선을 다하자!

캣우먼은 1940년대 만화《배트맨》속의 한 캐릭터인 'THE CAT'으로 세상에 등장해 영화 〈배트맨〉을 거쳐 역사상 가장 섹시한 영웅으로 탄생했다.

그 주인공으로 핼리 베리가 열연했는데, 열심히 한 결과는 2005년도 골든 래즈베리상(최악의 배우상) 수상이었다. 치욕적인 상이라 아무도 수상식장에 나타나지 않았지만 그녀는 과감히 골든 래즈베리상을 수상했다. 그러면서 말했다.

"나를 이런 쓰레기 같은 작품에 캐스팅한 영화사에 감사해요. 제가 어릴 때 어머니는 말씀하셨지요. 네가 만일 훌륭한 패자가 될 수 없다면, 넌 훌륭한 승자 역시 될 수 없다고 말이죠. 상은 감사하지만, 여기 계신 분들은 다시는 보지 않았으면 좋겠네요."

마음을 열고 받아들이는 순간, 그녀는 패자에서 승자로 바뀌었다.
그 시상식장에 있던 모든 사람들은 그녀의 팬이 되었을 것이다.

당신의 마음은 열려 있습니까?

당신을 가장 힘들게 하는 비판은 무엇입니까?

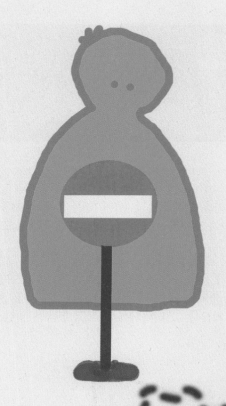

출입금지라…
…ㅠㅠ…

7살 아이의 지능을 지닌 지적장애인 샘(숀 펜)은 태어나면서부터 엄마에게 버림받은 딸 루시(다코타 패닝)와 같이 살아가고 있다.
그런데 루시는 7살이 되면서부터 아빠의 지능을 추월해버리는 것을 두려워한 나머지 읽고 쓰고 공부하기를 기피하고 아빠보다 더 많이 알까봐 아는 글조차도 아빠 앞에서는 모른 척한다.

딸의 문제로 상담을 하러 학교에 간 샘은 벽에 붙어 있는, 루시가 그린 그림을 보게 된다. 아빠와 손을 잡고 있는 루시의 모습이 아빠보다 훨씬 더 크게 그려진 그림이었다. 루시는 벌써 자신의 지능이 아빠를 앞서가고 있다는 것을 알고 있었다.

아빠와 손잡고 있는 루시의 그림을 보고 나는 순간적으로 부모님과 내 모습을 떠올려보았다.

어머님, 아버님이 아프셔서 병원을 찾으면 항상 묻는 말.
"보호자분 누구세요?"

나는 언제부터 부모님의 보호자가 되었을까?

당신을 지켜주셨던 분들은 누구입니까?

이제 당신이 지켜야 할 사람들은 누구입니까?

음란서생

조선시대 명망 높은 사대부 집안 자제이면서 추월색이라는 필명으로 음란소설을 창작하던 윤서(한석규)는 왕의 총애를 받는 아름다운 여인 정빈(김민정)과 서로 사랑에 빠지게 된다.

결국 둘의 불륜을 눈치챈 임금은 윤서를 잡아들인다. 임금이 칼을 뽑아 윤서를 내리치려는 순간 정빈이 막아선다. 윤서와 정빈은 죽은 후 '저승에서 다시 만나자'고 약속을 한다.
이 장면을 지켜보던 임금은 칼을 거두면서 윤서를 살려준다. '왜 살려주십니까?'라는 정빈의 눈빛에 임금은 대답한다.

"내가 약자니까…. 더 사랑하는 사람이 약자 아니더냐."

그대 앞에만 서면 내가 작아지는… 그런 사람 있습니까?

당신은 누구 앞에서 강자입니까?

당신은 누구 앞에서 약자입니까?

"몇 번을 죽고 다시 태어난대도,
결국 진정한 사랑은 단 한 번뿐이라고 합니다.

대부분의 사람은
한 사람만을 사랑할 수 있는 심장을 지녔기 때문이라죠.

인생의 절벽 아래로 뛰어내린대도
그 아래는 끝이 아닐 거라고 당신이 말했었습니다.

다시 만나 사랑하겠습니다.

사랑하기 때문에 사랑하는 것이 아니라
사랑할 수밖에 없기 때문에 당신을… 사랑합니다."

— 영화 〈번지점프를 하다〉

"전 지금 사랑에 빠졌어요. 너무 아파요. 그런데… 계속 아프고 싶어요."

— 영화 〈연애소설〉

왜?

당신이 생각하는 사랑이란?

질투는 나의 힘

잡지사에서 아르바이트를 하는 착실한 대학원생 이원상(박해일)은 수의사 겸 아마추어 사진작가인 박성연(배종옥)을 만나 사랑의 감정을 느낀다.

어느 날 둘은 자료를 찾으러 도서관에 가게 된다.
박성연은 도서관 사서에게 "이 자료는 어디서 찾을 수 있나요?"라고 묻는다.
도서관 사서는 제대로 쳐다보지도 않으면서 턱으로 가리키며 말한다.
"저기 가서 찾아봐요. 저~기요!"

지금은 많이 달라졌지만 예전에 동사무소나 관공서에서 많이 보아왔던 모습이었다.

며칠 전 등기부등본을 떼러 갔던 여직원이 화가 나서 돌아왔다.
"왜 그러니?"
"아 글쎄, 동사무소 여직원이요, 자기 동료 공무원들끼리는 웃는 얼굴로 말하면서, 용무를 보러 온 주민들에겐 퉁명스런 얼굴로 대하는 모습에 화가 나서 그래요. 월급을 누가 주는지 모르나 봐요. 그게 다 국민이 세금 내는 돈인데….."

도서관을 나오면서 이원상이 박성연에게 말한다.
"저 도서관 사서 말이에요, 친절하게 대해주는 게 자기 일인 줄 모르나 봐요."

자기 일이 무엇인지 정확히 모르는 사람의 얼굴엔 이렇게 씌어 있다.
'짜증은 나의 힘!'

하나님은 우리들 모두에게
각각 다른 사명을 넣어주셨습니다.
당신이 아무리 받은 적 없다고
우겨도… 이미 넣어놓으셨습니다.

그 사명을 찾으면
짜증 내지 않고
웃으면서 일할 수 있습니다.

내 직업은
소중해.

사명

"너도 알다시피,
인간이 한 직업에 종사하다 보면
그 직업이 그의 모습이 되는 거야."
– 영화 〈택시 드라이버〉

홀리데이

1988년 10월, 한국이 88올림픽을 마치고 세계 4위라는 업적을 이루어 감동에 빠져 있을 때… 징역 7년, 보호감호 10년형을 받아 복역 중인 지강헌(이성재)과 죄수들이 호송차를 전복하고 탈출하는 사건이 발생한다.

경찰을 피해 도피하던 지강헌 일당은 한 가정집에 들어가 가족들을 인질도 잡고 경찰과 대치하면서 외친다.
"이 사회의 진짜 쓰레기는 누구인가?"

자살 직전에 지강헌은 한국 사회의 모순을 고발하는 마지막 말을 남긴다.
"나도 당신들처럼 살고 싶었는데… 어디서부터 인생이 꼬였는지 나도 몰라. 돈으로 검사도 판사도 살 수 있는 세상…. 유전 무죄, 무전 유죄! 이게 우리 대한민국 법이야."

당신 인생의 목적은 무엇인가요?
그 인생이 어디서부터 꼬여버렸나요?

영화 마지막 장면에 지강헌은 어린 시절을 회상한다.
…아주 어린 시절 동생이 지강헌에게 묻는다.
"형! 형 꿈은 뭐야?"

수많은 사람들이 일생 동안 자신을 명확히 돌아보지 못한다.

– 영화 〈초한지〉

캡틴: 우리가 제대하면 난 뭐 하면서 살면 좋을까?
팰컨: 넌 뭐 할 때 행복하니?
캡틴: …음…음… don't know…ㅠㅠ.

– 영화 〈캡틴 아메리카_ 윈터 솔저〉

메멘토

불과 10분 전의 일을 기억하지 못하는 '단기 기억상실증'에 걸린 레너드 셸비 (가이 피어스).
그가 마지막으로 기억하고 있는 것은 자신의 이름이 레너드 셸비라는 것과 아내가 강간당하고 살해당했다는 것과 범인이 존 G라는 것뿐이다.

그는 10분밖에 기억을 못하기 때문에 자신의 몸에 범인을 잡을 수 있는 정보를 문신으로 남겨놓는다. 하지만 문신이 늘어날수록 자신이 적어둔 단서의 해석도 잘못 이해하게 된다.

"사람들은 자기가 본 것을 믿는다고 생각하지. 사실은 그렇지 않아….
자기가 믿는 것을 보려 할 뿐이야."

결국 주인공 레너드는 자신이 원하는 대로 현실을 끼워 맞춰버린다.

난 가끔씩 주어진 환경과 조건이 내 계획대로 되지 않으면 내 상황에 맞추어 판단하고 믿으려 한다.
주인공 레너드처럼…
내가 정답을 정해놓고 그것에 맞추려 한다.

당신은 어떤가?

작심삼일!
그러면 3일은 유지할 수 있겠네.

3일만 지나면 "내 계획이 뭐였지?"
3일만 지나면 "목표…? 그게 뭐지?"

3일만 지나면 "내 계획이 뭐였지?"
3일만 지나면 "목표…? 그게 뭐지?"

당신은 그렇지 않다고요?
적어도 일주일은 기억한다고요?

온몸에 '할 수 있다'라고 문신을 해도 말과 행동이 10분을 넘지 못한다면…
우리 모두는 단기 기억상실증에 걸린 것이다.

단테의 〈신곡〉과 토마스 아퀴나스의 〈7가지 대죄악〉을 근거로 성경을 모방하듯, 살인 행각을 벌이는 희대의 연쇄살인범과 그를 잡으려는 두 형사의 이야기이다.

영화 속에 등장하는 7가지 대죄악이란 다음과 같다.

Gluttony – 음식이나 재물을 탐하는 탐식.
Greed – 이기적이고 욕심이 많은 인색, 탐욕.
Sloth – 게으르고 성실하지 못한 나태.
Lust – 성욕의 노예가 되는 정욕.
Pride – 잘난 척하고 남을 업신여기는 교만.
Wrath – 분에 겨워 화를 내는 분노.
Envy – 남을 시기하는 질투.

마지막 장면에서 범인(케빈 스페이시)은 형사 데이비드 밀스(브래드 피트)에게 자신이 범죄를 저지른 이유를 말한다.
"난 이 세상에 필요 없는 놈들을 죽인 것뿐이야…. 주위를 둘러봐. 엄청난 죄악이 거리마다 가정마다 뿌려지고 있어. 사람들은 흔하다는 이름으로 그걸 눈 감아주고 있다고…. 그들의 일상이 되어버렸지."

아무리 맛있는 음식도 매일 먹으면 고마움을 모르고, 아무리 좋은 경치도 매일 보면 일상이 된다. 마찬가지로 7가지 대죄악도 조금씩 조금씩 우리 속에 스며들어 평범한 일상으로 다가오겠지…!

죄악을 분별하는 눈을 기릅시다!

142

세상을 보는 2가지 방법!
모든 사물을 색안경 쓰고 바라보기!

내면의 소리에 귀 기울이며
마음을 통해서 세상을 바라보기!

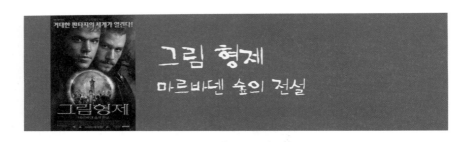

'퇴마사' 형제 윌 그림(맷 데이먼)과 제이크 그림(히스 레저) 형제는 19세기 프랑스를 돌아다니며 귀신들을 퇴치해준다는 명목으로 돈벌이를 하는 사기꾼들이다. 그들에겐 자신들을 돕는 분장과 장치 담당 보조원 두 명이 있었다.

어느 날 한 마을에서 거짓 귀신을 물리친 대가로 돈을 받게 되자, 형 윌이 두 보조원에게 말했다.
"오늘 수입의 1/10을 줄게."

그러자 두 보조원은 욕심을 내며 반박했다.
"우린 둘이니까 1/20을 줘!"

결국 두 보조원은 욕심 부리며 머리 쓰다가 더 적은 수입에 만족해야 했다.

나는 아주 많이 자주 머리를 굴렸었다. 그리고 그 결과에 스스로 만족해했다. 시간이 지나고 계산해보면… 엄청 손해보고 있는 중인데…ㅠㅠ… …그러면서도 또 머리 굴리는 나는 비정상인가?

"시간을 뛰어넘는 능력을 어떻게 쓰고 싶니?"
"돈 버는 데 쓸래요. 일 안 해도 되잖아요?"
"안 돼, 그거야말로 인생을 망치는 일이야."

– 영화 〈어바웃 타임〉

〈악마의 접근 3단계〉

1. 침략 – 속삭임. 한 발 한 발 소리 없이 다가온다.
2. 압박 – 정신적으로 취약한 사람의 정신을 부수고 의지 말살.
3. 홀림 – 사람을 제압하고 육체의 주인이 된다.

– 영화 〈컨저링〉

영화 〈컨저링〉에서 악마가 접근하는 방식이 돈이 사람을 지배하는 방식과 비슷하다.

예전에는 사람들의 욕구에 의해 브랜드가 만들어졌다. 그런데 지금은 브랜드의 욕구에 의해
사람들이 만들어지고 있다.

– 영화 〈브랜디드〉

브랜드, 명품, 유행…. 그것들이 나를 만들고 있는 것은 아닐까?

내 마음 상태를 결정하는 것은 바로 나다!

라이터를 켜라

백수 허봉구(김승우)는 예비군 훈련을 받는 날 아침에 갖고 나온 돈을 다 쓰고 남은 돈 300원으로 라이터를 사버렸다. 담배를 피우려고 하다가 전 재산(?)을 주고 산 라이터를 화장실에 두고 나온 것을 알게 된 봉구.
그런데 그 라이터는 건달 두목(차승원)이 챙겨 간 뒤였다. 허봉구는 라이터 하나 되찾겠다고 부산행 기차에 올라타고 건달을 쫓아간다.

백수 생활 오래하니 현실 감각이 둔해지나 보다.

환경의 어려움으로 판단 능력이 저하되고 몸이 무기력해질 때는 빨리 그곳에서 빠져나와야 한다.

가치 있는 것과 의미 없는 것을 분별하는 눈을 잃어버리면 우리는 사소한 것에 목숨 걸게 된다.

모리 슈워츠 교수는 말한다.
인생은 숨을 참고 숫자를 세는 것이다.
"난 처음에 23까지 셀 수 있었지. 그러다가 점점 줄어들었지만…."

당신이 세는 숫자가 점점 작아지면 죽음과 가까워진다.
그러니 무의미한 것들에 인생을 허비하지 마라.
가장 중요한 사랑을 나눠주는 법과 사랑을 받아들이는 법을 배워라.

"1, 2, 3, 4, 5, 6 …
34 … 45 … 50!"

45 … 80 … 85 …
난 오래 살아야 하는데—

"창밖을 봐. 바람이 불고 있어.
하루는 북쪽에서
하루는 서쪽에서….
인생이란 그런 거야.
우린 그 속에 있다고."

– 영화 〈베티블루 37.2〉

조선 최초 여류 비행사 박경원의 이야기를 담은 영화 〈청연〉의 포스터 카피를 자세히 들여다봅니다.

1925. 최초의 여류 비행사, 박경원
세상, 그 위로 날아오르다
시대를 넘어선 꿈, 운명보다 강한 사랑
최초의 여류 비행사, 박경원의 이야기
가장 행복하고 달콤했던 순간은 하늘로 비상할 때였노라…

'시대를 넘어선 꿈, 세상 그 위로 날아오르다'라는 문구가 가슴에 와 닿습니다.

어린 시절 동네 언덕에 착륙한 비행기를 보고 '나도 새처럼 날아보았으면…' 하는 꿈을 키운 박경원은 일제 식민 치하라는 시대적 어려움과 여성이라는 최악의 환경을 뚫고 나와, 1925년 일본비행학교에 등록을 하게 된다. 학비를 마련하기 위해 택시 운전을 하면서 결국 여류 비행사의 꿈을 이룬다.

지금으로부터 90여 년 전에 연약한 한 여자가 자신의 꿈을 이룬 이야기입니다.
그녀보다 더 좋은 환경과 조건에서 자신의 꿈을 포기하는 것은 왜일까요?
혹시 노력은 안 하고 세월만 보내고 있지는 않으십니까?

"뭐라고요? 원래부터 꿈이 없었다고요?"

어, 이상하다. 다 어디로 가버렸지?"

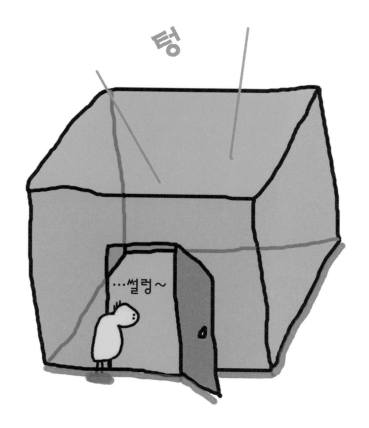

어린 시절부터 모아온 내 꿈들을 저장하는 창고를 어른이 된 어느 날 열어보 았습니다. 전, 깜짝 놀랐습니다. 빈 공간 없이 꽉 차 있을 것만 같았던 꿈 창고 는 텅 비어 있었습니다.

실망도 했지만, 나이 쉰이 넘어 다시 꿈을 꾸기 시작했습니다. 이제 30년짜리 꿈도 생겼습니다. 또다시 텅 비어버릴지라도 다시 채워나가겠습니다. 당신처럼…!

빅 마마 하우스

탈옥한 은행 강도를 잡기 위해 할머니로 변장한 맬컴은 자신을 의심하는 경비원에게 잠복근무를 하고 있는 FBI 요원이라고 밝힌다.
그리고 동료에게 "이 사람, 경비원이야."라고 소개하자, 경비원이 화를 내면서 말한다.

"뭐 경비원? 난 경비대장이야! 내 밑으로 부하 둘이랑 개가 셋이나 있어."

사람은 누구나 자신의 지위나 권력을 뽐내고 싶어 하고, 그에 합당한 대접을 받고자 한다. 그 영역을 침범해 자신의 위치를 깎아내리면 분노하고 덤벼든다.

세상 속 이야기라고요?

교회에서도 권력과 지위를 잡기 위해 안간힘을 쓰는 사람들을 어렵지 않게 볼 수 있다. '장로님'을 '집사'라고 부르거나 장로 대접 안 하면 화를 낸다.

헌법 제1조 2항
"대한민국 주권은 국민에게 있고, 모든 권력은 국민으로부터 나온다. 국가란 국민입니다."

― 영화 〈변호인〉

섬기는 리더십을 행하는 지도자들이 사회 곳곳에서 많이 나오는 세상이 되었으면 좋겠다.

대중들은 개돼지야!
적당히 짖어대다가 조용해질 거야. 신경 쓰지 마!"

– 영화 〈내부자들〉

"당신은, 어떤 자세로 사람들을 대하시나요?"

핑크 팬더

사건 해결을 위해 시골에서 스카우트된 클루조(스티브 마틴) 경관은 살해 사건 현장에서 보조 경찰관 길버트(장 르노)에게 말한다.

"자네, 이걸 잘 보게. 이런 우연이 있나…. 시체가 분필로 그린 선 안에 정확히 들어가 있는 걸 보게."

"제 생각엔 죽은 후에 분필로 그린 것 같은데요!"

…음…, 이런 우연이….
다행히 사건은 단조롭다.
용의자는 불과 2만 7486명밖에
안 된다.

모든 일에는 우선순위가 있다. 처음과 나중이 바뀌면 결과는 엄청나게 달라진다. 잘못된 것이 있다면 지금 바로잡아야 한다.

무엇이 긴급한가보다 무엇이 중요한가에 더 집중해야 한다.

오늘 우리가 갖고 있는 모든 것은 시간과 바꾼 것들이다. 그러므로 중요도에 맞추어 시간을 활용하는 능력을 길러야 한다. 시간을 사용하는 것을 보면 그 사람의 수준과 미래를 알 수 있듯이, 먼저 할 일을 나중으로 미루는 자는 실패한 인생을 살게 된다. 시간은 제한되어 있기에 우리는 보다 가치 있는 것에 시간을 투자해야 한다.

사람을 채용할 때도 우선순위가 있다.
삼성그룹의 고(故) 이병철 회장은 이사를 중용할 때 다음과 같은 질문을 했다고 한다.

1. 가장 중요하게 생각하는 것은 무엇인가?
2. 당신의 시간은 어떻게 쓰는가?

이 두 개의 답이 일치할 때만 임원으로 채용했다고 한다.

위 질문을 우리 자신에게 해보고 정답을 아래 빈칸에 적어봅시다.

흡혈 형사 나도열

드라큘라를 문 모기에게
물린 모든 사람은
흡혈귀로 변한다.

흡혈귀는 원래 나쁜 놈인데, 흡혈 형사 나도열은 좋은 사람으로 나온다. 영화 〈블레이드〉에서도 웨슬리 스나입스는 흡혈귀의 피를 지녔지만 좋은 사람으로 나온다.

착한 척하는 일상생활 속 평범한 사람들이 오히려 더 나쁜 악인이라는 줄거리를 보면서, 우리가 가면을 쓰고 사는 것은 아닌지 생각하게 되었다. '미소 지으면서 안 그런 척하며 악을 행하고, 들통이 나면 마귀의 짓이라고 핑계를 대는… 그런 인간은 아닌지….'라고.

스파이더맨은 거미에게 물린 후
거미의 능력을 지닌 초능력자가 된다.

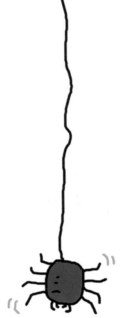

…그런데 스파이더맨은 왜
거미줄이 똥꼬에서 나가지
않지? …막혔나!

사람은 누구나 자신이 강력히 열망하는 것에 물리게 된다. 그리고 물린 대상
의 능력을 이어받는다. 흡혈귀에게 물리면 흡혈귀가 되고, 거미에게 물리면
스파이더맨이 되듯이… 전염이 된다.

당신은 무엇을 전염시키고 있는가?
당신이 물린 것들을 적어보세요.

작업의 정석

연애 전문 작업남 민준(송일국)과 작업녀 지원(손예진)이 우연을 가장하여 만났다. 서로가 프로인지라 웬만한 방법으로는 통하지가 않는다.

그러던 어느 날, 민준은 지원의 집으로 전화를 건다.
"시간 있으세요?"
지원은 친구 양수진(현영)이 보고 배우라는 듯이 제주도 세미나 때문에 어렵다고 핑계를 댄다. 그러면서 수진에게 말한다.
"남자가 가자는 곳에 가면 안 돼. 네가 가고 싶은 곳에 남자를 오게 해야 해!"

그때 남자에게서 제주도로 오겠다는 전화가 다시 온다. 지원은 수진에게 '거봐.'라며 거드름을 피운다. 그러나 거드름은 잠시뿐….

5분 후 작업남 민준은 여자를 애태우게 하기 위해 다시 전화를 건다.
"어제 주문한 게장이 오늘 택배로 온다고 해서 못 나가겠어요!"라고.
여자의 자존심을 팍 꺾어놓는다. (역시 연애 전문가답다.)

그 전화를 옆에서 듣고 있던 친구 수진이 작업녀 지원에게 외친다.
"에라~이, 홈쇼핑 게장만도 못한 년아!"

나는 주변 사람들에게 게장만도 못한 놈으로 인식되지는 않는가?

나는 어떤 이를 게장만도 못하게 여기고 있지는 않는가?

내가 게장보다 나은 이유를 10가지만 적어보세요.

인생

·

나침반은 주인이
원하는 방향을
가리킨다

정사

남편과 아들을 둔 평범한 보통 주부 서현(이미숙)은 어느 날 동생의 남자 친구 우인(이정재)을 만난다. 서현의 승용차를 타게 된 우인은 AM만 듣는 서현에게 "음악 방송은 안 들어요?"라며 FM을 틀어준다. 그때 서현은 깜짝 놀라면서 말한다.
"어머! 제 차에서 FM(음악 방송)도 나오네요."

우리는 누구나 내 안에 AM과 FM을 가지고 있다. 그런데 영화 〈정사〉의 이미 숙처럼 AM만 틀어놓고 "왜 내게는 FM을 안 주셨나요?"라고 원망한다.

왜 내게는 음악적 재능을 안 주셨나요?
왜 내게는 좋은 머리를 안 주셨나요?
왜 내게는 멋진 육체를 안 주셨나요?
왜 내게는 불타는 열정을 안 주셨나요?
왜 내게는 기회를 안 주셨나요?
……
왜… 왜… 왜…?

당신이 아무리 부르짖고 원망해도 누구도 대답해주지 않는다. 스스로 찾아야 한다. 당신 속에 심어놓은 재능을! 그리고 당신의 손으로 FM 버튼을 '꾹' 누르면 된다!

얼리는 방법을 안다면 녹이는 방법도 알지 않을까?
"언니가 녹이면 돼."

– 영화 〈겨울왕국〉

브루스 올마이티

뉴스 리포터 브루스(짐 캐리)는 하나부터 열까지 모두 불만이다.
매사에 감사한 일은 하나도 없고 쉴 새 없이 하나님에게 불만을 쏟아놓는다.
하늘을 향해 삿대질을 해대며, 자신의 불행은 하나님 탓이라고 원망한다.
이런 브루스에게 하나님은 인간의 모습으로 나타나서
"전지전능한 힘을 줄 테니, 얼마나 더 나은 세상을 만들 수 있는지
네가 직접 해보라."고 하신다.

엄청난 힘을 얻은 브루스가 하는 일은
여자 치마 젖히기, 커피 잔의 커피를 모세처럼 가르기,
여자 친구를 위해 달을 끌어당기기 등…
엉뚱한 곳에 능력을 사용한다.

그러다가 브루스는 엄청난 힘이나 지위에는 거기에 따르는 권리뿐만 아니라
의무도 행해야 함을 알게 된다.
모든 지위와 권력에는 책임이 따른다.

어느 날 갑자기 "장관 해보시오.", "사장 해보시오.", "이 행사를 맡아서 성공
시켜보시오."라는 제안을 받는다면 망설임 없이 받아들일 수 있는가?
있다면 당신은 철저히 미래를 위해 준비된 사람이다.
대부분의 사람들은 "나라도 그런 자리에 있으면 더 잘할 수 있겠다."고 큰소리
치지만 막상 맡아서 하라고 하면 자신이 없어서 도망친다.

달콤한 지위만 누리는 자가 되지 말고, 책임을 다하는 사람이 됩시다.

프레디 VS 제이슨
(13일의 금요일 11)

〈백발마녀전〉을 만든 홍콩 감독 우인태가 서양의 공포 영화를 제작했다는 점이 새롭게 다가오는 영화다.

〈13일의 금요일〉의 살인마 제이슨은 〈나이트메어〉의 프레디에 의해 다시 깨어나고, 제이슨의 살인으로 사람들은 공포에 떨게 된다. 이에 맞서 친구들의 죽음을 지켜보던 로리와 윌은 살아남은 친구들과 함께 '꿈속 살인마 프레디'를 현실로 불러들여 '현실 세계의 살인마 제이슨'과 싸우도록 유도한다. 결국 제이슨과 프레디는 서로 싸우다 둘 다 죽음을 맞는다.
악을 악으로 물리친다는 이야기다.

전혀 다른 영화의 두 주인공을 같이 출연시켰다 - 창조 융합의 시대!

사업을 하다가,
인생을 살다가,
친구를 사귀다가,
형제들과 집안 문제로,
……
……
또 다른 일들 때문에 우리는 원하지 않는 상황에 처하는 경우가 발생합니다.

이럴 땐 그 상황에서 어떻게 하면 빨리 빠져나갈 수 있을까 고민을 하게 됩니다. 그래서 정상적이지 않은 방법을 사용하는 때도 있습니다.

내가 조금 손해 보면 순조롭게 해결되는데, 그 순간을 모면하고자 또 다른 불법적인 방법을 동원하게 됩니다.

제이슨을 물리치기 위해 프레디를 불러내듯이 그 상황을 벗어나고자 또 다른 불법을 동원하는 것입니다.

그렇게 해서 상황은 벗어났지만 내가 불러낸 악마 프레디는 내 곁을 떠나지 않습니다. 내 옆에 붙어서 계속해서 나를 괴롭히는 더 큰 문제를 만들어냅니다.

방법은 하나밖에 없습니다. 애초부터 프레디(불법적인 일)를 불러내지 않는 것입니다.

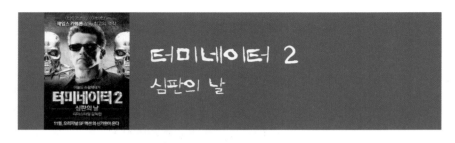

터미네이터 2
심판의 날

1997년 8월 29일의 핵전쟁 이후 살아남은 소수의 사람들은 기계들과의 전투를 시작하고, 기계들은 저항군 사령관인 존 코너를 처치하기 위해 T-1000을 과거로 보낸다. 존 코너 역시 어린 자신을 보호하기 위해 터미네이터를 1991년으로 보낸다.

터미네이터가 자신을 보호하기 위해 미래에서 온 전사임을 확신한 어린 존 코너는 아버지처럼 터미네이터를 따르고, 터미네이터에게 웃음을 가르쳐준다.
"이렇게 미소를 지어봐요."
터미네이터는 이빨을 드러내고 억지로 웃는 척한다.
그 모습을 보고 존은 말한다.
"웃는 연습 좀 해요."

…터미네이터,
얼굴 근육 풀고
한번 웃어봐요.
…이빨 보이고~.

초등학교에서는 가르쳐주지 않는다.
중학교에서는 가르쳐주지 않는다.
고등학교에서는 가르쳐주지 않는다.
대학교에서도 가르쳐주지 않는다.

난 대학을 졸업하고 첫 직장 신입사원 교육 때 웃는 법을 배웠다. 어떻게 인사하는지도 그때 처음 배웠다.

학교에서는 왜 가장 기본이 되는 것을 가르쳐주지 않을까?

통계에 따르면, 한국 성인들은 하루에 평균 7~8회 정도 웃는다고 한다. 우리는 나이가 들수록 웃음을 잃고 살아간다. 더 잘 웃고 살기 위해서 인터넷에 떠도는 웃음 테크닉을 활용해보자.

1. 힘차게 웃으며 하루를 시작하라.
2. 거울을 보고 미소 지어라. 거울 속의 사람도 날 보고 미소 짓는다.
3. 모르는 사람에게 미소 지어라. 마음이 열린다.
4. 웃으며 출근하고 웃으며 퇴근하라. 그 안에 천국이 있다.
5. 만나는 사람마다 웃으며 대하라. 인기인이 된다.
6. 집에 들어올 때 웃어라. 가정 천국이 된다.
7. 웃으면서 물건을 팔아라. 대박 난다.
8. 물건을 살 때 웃으면 서비스가 달라진다.
9. 화가 나도 웃으면 복이 된다.
10. 우울할 때 웃어라.
11. 회의할 때 웃으면 아이디어가 솟아난다.
12. 돈을 벌려면 웃어라.
13. 죽을 때도 웃어라. 천국이 기다린다.

'페덱스'의 직원인 척 놀랜드(톰 행크스)는 1분 1초도 아까운 듯 시간에 얽매여 바쁘게 살아가는 남자다. 이 남자가 시간에서 격리된 무인도에 표류하게 된다. 그렇게 쫓기듯 한 시간이 한없이 남아도는 무인도에….
4년간을 무인도에서 보낸 그에게는 유일한 친구 농구공과 뜯지 않은 마지막 FedEx 택배 상자가 희망이었다.

FedEx

왜, 척 놀랜드는 택배 상자를 희망의 근거지로 삼았을까?
4년 동안이나 상자 속에 무엇이 들었는지 왜 뜯어보지 않았을까?

상자의 로고를 유심히 보다가 희망의 근원을 발견했다.

FedEx 로고를 잘 보시라. 영어 알파벳 말고 무엇이 보이는가?

E와 x 사이에 화살표가 보이는가? …바로 희망의 화살표가 숨어 있었다.

희망은 우리 눈에 보이지 않는다.
성공의 기회도 우리 눈에 보이지 않는다.
열정적 사랑조차 우리 눈에 보이지 않는다….

그러나 그것들은, 페덱스 로고의 화살표처럼 우리 눈에 보이는 곳에 있다.

그것을 볼 수 있는 사람은 잡을 것이며, 그것이 보이지 않는 사람은
불공평하다고 불만을 터뜨리겠지…!

희망을 보지 못하고, 기회를 보지 못하고, 사랑을 보지 못한 것은 우리 탓인
데… 우리는 "나에겐 왜 기회를 안 주세요?"라고 원망하겠지…!

바로 당신 눈앞에, 손 앞에… 희망으로 안내하는 기회의 화살표가 있는데도
불구하고….

여름이 끝나고 가을이 오는 것이 아니라,
여름 동안 가을은 이미 준비되고 있다!

- 영화 〈실락원〉

당신이 원하는 기회는 이미 준비되고 있습니다.

여인의 향기

군에서 사고로 시각장애인이 된 프랭크 슬레이드(알 파치노)는 26년간의 군 생활을 마감하고 중령으로 제대한다. 괴팍한 성격을 지녔으나 진실을 소중히 여기는 프랭크는 자신의 마지막 여행길에 고교생 아르바이트 찰리 심스(크리스 오도넬)의 도움을 받는다.
찰리는 하버드 대학을 목표로 하는 장학생이며 모범생이다 .

자살을 하려 했던 프랭크는 찰리를 만나면서 자신의 삶을 돌아보고 희망을 얻게 된다.

여행길에 시각장애인인 프랭크가 스튜어디스 이름을 알아맞히고, 정상인처럼 사람들을 대하는 모습을 보고 찰리가 묻는다.

"스튜어디스가 보여요?"
프랭크는 대답한다.

"작은 것을 종합하면 큰 것을 알 수 있단다."

눈을 뜨고도 못 보는 나는 눈뜬장님이 아닐까?'

···가끔씩 그렇다.
···아니··· 자주!
···아주 자주 그렇다.

내가 왜 이 위에 섰는지 이유를 아는 사람? 책상 위에 선 이유는 사물을 다른 각도에서 보려는 거야. 어떤 사실을 안다고 생각할 때 그것을 다른 시각에서도 봐야 해. 틀리고 바보 같은 일일지라도 시도를 해봐야 해.
                                                        - 영화 〈죽은 시인의 사회〉

"네가 부른 노래 제목이 뭐냐?"
"송어잖아요."
"죽은 송어냐, 산 송어냐?"
"그건 제가 모르죠."
"슈베르트가 스무 살 때 펄쩍펄쩍 뛰는 송어를 보고 만든 노래다.
그 감정으로 불러야 한다!"
                                                        - 영화 〈파파로티〉

작은 것을 종합하면 큰 것을 알 수 있습니다.

눈에 안 보이는 것은 없는 거야~.

때로는 너무 가까이 있어서
보이지 않는 것도 있습니다.

나는 아직도 네가
지난여름에 한 일을
알고 있다

┅┅흥흥흥┅┅
나 다시 돌아왔다.

1편에서 죽은 줄 알았던 살인마가 다시 돌아왔다. J 모양의 갈고리를 움켜쥐고 외친다.
"나는 아직도 네가 지난여름에 한 일을 알고 있다."

갈고리를 보면서 이런 생각이 들었다.
'꼭 Jesus의 J자처럼 생겼구나….' 라고.

어떤 이들에겐 Jesus의 J자가 사랑과 공평과 화목과 인내와 창조, 개척… 등을 의미하여 예수를 만남으로써 자유를 얻게 되지만, 또 다른 이들에겐 Jesus의 J자가 억압과 통제와 죄와 부끄러움, 사망… 등의 의미로 다가와 갈고리의 공포를 느끼게 할 수도 있기 때문이다.

누군가 당신만 알고 있는 비밀에 대해서 "나는 아직도 네가 지난여름에 한 일을 알고 있다."고 하신다면 당신은 어떻게 반응할 것인가?

부끄러움 없는 인생을 삽시다!

"주인아줌마가 우리에게 멸치 2000마리를 다듬으라고 하는 것은, 우리를 시험하는 것인지도 모른다. 아줌마 몰래 몇 개를 먹는지 테스트하는 것일 거야."
— 영화 〈은밀하게 위대하게〉

택시 3

어리버리한 형사 에밀리앙과 마르세유 최고의 총알택시 운전기사 다니엘은 자신들의 의사와는 상관없이 산타 갱단의 사건에 연루된다.

갱단을 추적하던 형사 에밀리앙은 오히려 갱단에게 붙잡히는 몸이 된다.

갱들은 에밀리앙을 의자에 묶어두고, 에밀리앙이 볼 수 있도록 바로 앞에 타이머 장치가 된 기계를 놓아둔다.
돈을 가지고 떠나가면서 여자 갱이 말한다.
"시간을 5분에 맞춰두었어. 5분이 지나면 네 머리 위에 있는 바위 덩어리가 떨어질 거야. 특별히 인생의 마지막을 정리하라고 주는 시간이야!"

조금 더 살고 싶어 탈출 시간을 벌려고 에밀리앙이 대답한다.
"인생을 정리하는 게 5분 가지고 될까?"

여자 갱 "그러니까, 우선순위를 정해야지!"

내 인생의 우선순위는 뭐지? …몇 가지나 되지?
주어진 시간은 5분입니다. 당신의 우선순위를 적어보세요.

킹 핀을 찾아라!
1번 핀을 넘어뜨리지 않고 모두 넘어뜨릴 수는 없다.
모든 일에는 우선순위가 있다.

당신의 킹 핀은 무엇입니까?

웰컴 투 동막골

룰루랄라~

대장 동무…, 머리에 꽃 꽂았습네다!

태백산맥 속 평화로운 마을 동막골!
인민군 패잔병 일행은 북으로 가는 길을 찾다가 동막골에 살고 있는 처녀 여일(강혜정)을 만나게 된다. 인민군 리수화(정재영)의 권총 위협에도 전혀 당황하지 않는 여일을 보고 인민군 하사관 장영희(임하룡)가 말한다.

"대장 동무…, 머리에 꽃 꽂았습네다."

쉽게 말하면 미친 여자라는 말이다.

왜 미친 여자들은 머리에 꽃을 꽂을까?

사람들은 10년, 20년, … 40년, … 70년 인생을 보내면서 자기만의 꽃을 머리에 꽂고 살아가게 된다. 어느 누구도 "이 꽃을 꽂아!"라고 권해주지 않지만 자신도 모르게 하나의 꽃을 꽂게 된다.

그 꽂힌 꽃을 보고 미친 여자를 구별하듯 사람들은 말한다.
"성실한 사람이군."
"믿을 수 없는 사람이군."
"사기꾼이군."
"창의성이 넘치는 사람이군."
"상종 못할 사람이군."
"사위 삼고 싶다."
……
……

내 스스로 만들어 꽂는 꽃! 이왕이면 타인으로부터 인정받는 꽃을 꽂도록 노력하자.

"당신 머리엔 어떤 꽃이 꽂혀 있나요?"

그러면서 우리는 인민군 장영희가 한눈에 동막골 처녀 여일을 미친 여자로 알아본 것 같은 능력을 기르자. 상대의 머리에 꽂힌 꽃을 보고 어떤 사람인가 알아보는 능력은 우리가 노력과 경험으로 얻어야만 하는 결과물이다.

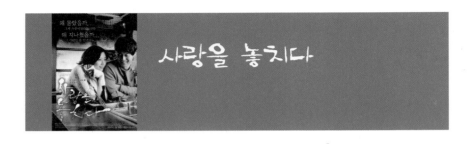

사랑을 놓치다

평소 '남자 같다'는 소리를 듣던 한 아가씨가 어느 날 버스를 탔다.
사람들이 많아서 창문 쪽을 바라보며 서 있는데 뒤에서 이런 소리가 들렸다.

"쟤 남자지?"

"아냐, 여자야."

그 소리를 듣고 화가 난 이 아가씨가 '내 얼굴을 보면 여자인 줄 알겠지!'라고
생각하며 버스 뒷좌석 쪽으로 얼굴을 획 돌렸다.

내 얼굴을 보고 판단해~!

그러자 한 남자가 큰 소리로 이렇게 말했다.

"거봐! 남자잖아."

영화 〈사랑을 놓치다〉에서 혜정(황석정)은 호프집에서 연수(송윤아)에게 속상한 일을 털어놓는다.

"연수야, 내가 남자같이 생겼니? 내가 사귀는 사람이 나보고 남자처럼 생겼다고 싫다고 하잖아."

연수가 대답을 하려고 할 때, 호프집 사장이 다가오며 혜정의 어깨를 치면서 말한다.

"총각! 통닭 프라이드로 할까, 양념으로 할까?"

"당신은 남에게 보이는 솔직한 자기 모습을 아십니까?"

비록 그 모습이 맘에 안 들더라도 그 자체가 '나'이기 때문에 있는 그대로를 인정해야 합니다.

가장 중요한 것은 '남이 나를 어떻게 보는가'가 아니라 '내가 나를 어떻게 보는가'입니다.

당신은 충분히 아름답습니다!

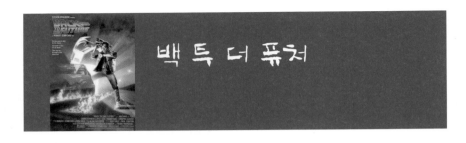

백 투 더 퓨처

고등학생 마티 맥플라이(마이클 J. 폭스)는 같은 동네에서 친하게 지내던 괴상한 발명가 브라운 박사(크리스토퍼 로이드)가 자동차를 이용한 타임머신을 만드는 일을 돕는다. 그런데 갑작스런 테러범들의 위협으로 타임머신을 작동시킨 마티는 급기야 30년 전 과거로 간다.

당신은 그 시대의 언어를 사용하는가?
변화의 흐름을 읽고 미래를 예측할 수 있는가?

1. 30년 전 과거에서 마티는 아직 학생인 아빠와 엄마를 만나게 된다. 과거의 생활이 익숙하지 않은 마티의 이상한 행동들을 본 외할아버지는 딸 로레인(아직 학생인 마티의 엄마)에게 이렇게 말한다.
"마티는 바보 같아. 그게 다 조상 탓이야. 로레인, 너는 나중에 저런 자식을 낳으면 혼날 거다."

2. 마티가 식당에서 음식을 주문할 때 "펩시 프리!"라고 말하자 웨이터가 화를 낸다.
"뭐라고, 펩시를 공짜로 달라고?"

3. 마티를 구해준, 아직 학생인 엄마가 마티에게 말한다.
"당신 이름이 '캘빈 클라인'인가요? 팬티에 써 있어요."

4. 미래에서 온 마티가 입은 파카를 보고 사람들은 말한다.
"쟤는 구명조끼를 입고 다니네."

그 시대의 언어로 말하지 않으면 사람들과 의사소통이 되지 않는다.

이 땅의 리더가 될 사람들은 시대의 언어를 알아야 한다.

사람들이 무엇을 읽고, 보고, 어떤 것에 관심을 갖는지, 고민이 무엇인지, 세상은 어떻게 변해가는지를 먼저 배우고 공부해야 한다. 그래야 사람들이 이해할 수 있는 쉬운 언어로 설명할 수 있다.
그것이 리더다!

알파고 이후, 당신이 배워야 할 새로운 언어는 무엇인가?

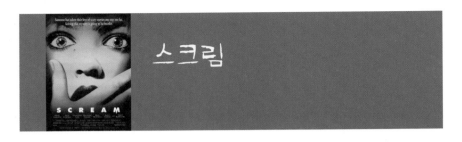

스크림

일그러진 해골 가면과 까만 망토를 뒤집어쓴 괴한이 마을에서 살인 사건을 저지른다. 어느 날, 괴한은 시드니에게 전화를 걸어 위협을 한 후 시드니를 공격한다.

시드니는 남자 친구 빌리 뒷주머니에서 핸드폰이 떨어지는 것을 보고, 그를 살인 사건의 용의자로 지목하여 경찰에 붙잡히게 한다. 빌리는 체포되어 끌려가면서 외친다.
"시드니, 날 잘 알잖아. 난 아니야!"

죽음의 공포 앞에서는 사랑하는 연인도 믿을 수 없는 존재가 되어버린다. 시드니는 빌리를 모른 척한다.

당신은 누구를 믿는가?

영화 〈내부자들〉에서 논설주간 이강희는 정치깡패 안상구와 친한 사이인데도 나중에 사용하려고… 대화를 몰래 녹음한다.

실제로 대한민국 정치인들조차 서로 한편일 때, 나중에 배신을 위해 몰래 녹음한 대화를 우리는 뉴스 시간에 듣게 된다. 녹음한 놈은 진짜 나쁜 놈이다.

사적인 자리에서 당신이 하는 얘기들이 녹음되고 있다면?

사랑하는 연인을 속이고 몰래 동영상을 촬영하는 남자들의 얘기도 인터넷에 자주 오르내린다.

그럼, 우리는 누구를 믿어야 하는가?

사람들을 대할 때 자신의 이익을 먼저 내세우는 사람을 조심하자. 그들은 자기 욕심을 채우려 상대방을 이용할 수 있다. 반대로, 내가 사람들을 대할 때에는 단 1원도 기대하지 말고 순수하게 만나자. 당당하고 자신감 넘치는 자가 될 것이다.

수십 년을 같이 산 부부들이 싸움을 할 때 서로에게 외친다.
"도대체, 당신을 잘 모르겠어요."

누군가를 판단하고 분별하려 하지 말고 내가 먼저 순수함으로 다가가자.

데스티네이션

파리행 비행기 안. 고등학교 친구들과 함께 여행을 가는 알렉스는 비행기가 출발하기 직전 비행기가 폭발하는 환영을 보고 친구들과 함께 비행기에서 내린다. 선생님을 포함하여 모두 7명이 살아남았지만 죽음의 그림자는 순서대로 그들에게 다가온다.

인간의 운명을 소재로 한 독특한 공포물인데, 사람의 인생은 짜인 각본대로 움직인다는 논리로 죽음에도 순서가 있다고 관객들을 유도한다.

친구 카터는 "다음엔 누구 차례야?"라고 알렉스를 조른다.

누구 차례인지 안다면 인생을 더 열심히 살 수 있을까?

영화 〈올드 보이〉에서는 아무 죄 없이 15년 동안 갇혀 있었던 최민식이 "그때 그들이 '15년'이라고 말해줬다면 조금이라도 견디기 쉬웠을까?"라고 스스로에게 묻는 장면이 나온다.

당신은 자신의 앞날을 미리 알게 되면 후회 없는 인생을 살 수 있는가?

영화 속에서는, 인간은 운명의 대본대로 살게 된다고 하지만 성경에도 '운명'이라는 단어는 없다.
우리 스스로 자신의 인생을 개척하자.

"내가 왕이 될 관상이더냐?"

– 영화 〈관상〉, 수양대군

먼 곳에서 온 이방인이 마을 촌장에게 물었다.

"이 마을에서는 위인들이 많이 태어납니까?"

"아니요. 여기서는 아이들만 태어납니다."

아이 앰 샘

영화 〈아이 앰 샘〉에서 7살 지능밖에 안 되는 아버지 샘은 자신에게서 딸을 떼어놓으려는 법정에서 〈크레이머 대 크레이머〉라는 영화의 대사를 인용해 자신의 마음을 표현한다.

"저… 전…, 전 좋은 아빠가 되는 게…, 부모가 되는 것이 무엇인지 수없이 생각해보았습니다. 먼저, 한결같아야 하며 동시에 인내해야 하며 들을 수 없는 상황에서도 귀를 기울여야 합니다. 그게 가족의 사랑입니다. 저는 완벽한 아빠는 아니지만 최선을 다합니다. 딸 루시와 저는 사랑합니다."

자녀를 어떻게 훈련시키고 싶은가?

"사람들은 자기가 이해하지 못하는 걸 무서워한단다. 네가 지구에 온 이유를 네 인생을 걸고 스스로 찾아야 해."

– 영화 〈맨 오브 스틸〉, 농부 아버지

어린 슈퍼맨이 자신의 힘을 감추고 친구도 없이 외톨이로 살아가려니 너무 힘들다. 엄마에게 하소연한다.
"엄마, 세상은 너무 커. 나 외로워!"
엄마가 대답한다.
"그럼, 네가 작게 만들어라!"

– 영화 〈맨 오브 스틸〉

만약, 슈퍼맨이 악당 손에서 자랐다면?

"내가 아버지인가?"

우리들 대부분은 어른이 되기 한참 전에 이미 부모가 된다.

– 미뇽 맥로린

부시맨

1980년 어느 날, 아프리카 원주민 마을에 비행기에서 마시고 버린 콜라병 하나가 떨어진다. 난생 처음 콜라병을 본 원주민들은 신의 물건이라고 경배하고 추장 카이는 신에게 돌려주어야 한다며 땅끝으로 길을 떠난다.

오우~!
신이시여…

하찮은 콜라병 하나에 호들갑을 떨며
신을 찾아나서는 부시맨을 보고
많은 웃음을 웃으면서 이런
생각이 들었다.

내게 있어 그런 콜라병 역할을 하는 것은 무엇일까?

진정한 지혜는
자신이 얼마나 무지한가를 깨닫는 것이다.

슈퍼맨 리턴즈

슈퍼맨은 파란색 옷
배트맨은 검은색 옷
스파이더맨은 빨간색 옷
두 얼굴의 사나이 헐크는 녹색
터미네이터는 검은색 가죽점퍼
매트릭스의 스미스는 검은색 양복
인크레더블의 미스터 인크레더블은 빨간색 옷
언더월드의 여전사 셀린느는 검은색 가죽옷
......
......
......
......

영화 속 영웅들은 자기만의 색깔이 있다!

나, 무지개 인간!

"당신은 무슨 색인가?"

영화 〈슈퍼맨 리턴즈〉에서 슈퍼맨은 크립톤 행성에서 태어나 캔자스의 한 농장에서 평범한 사람으로 성장하면서 '나는 누구인가?' 라는 정체성의 혼란을 겪는다.

신분을 속이고 어려움에 처한 사람들을 돕는 영웅으로 몰래 변신하는 이중적 자아에 힘들어한다. 그러던 어느 날, 천문학자들이 고향 행성을 발견했다는 소식을 듣자 슈퍼맨은 자신의 정체성을 찾기 위해 고향으로 떠난다.

그곳에서 5년간의 시간을 보내고 자신의 뚜렷한 색깔을 찾은 슈퍼맨은 지구로 되돌아온다. 슈퍼맨의 아버지는 이런 메시지를 아들에게 남겼다.

"내 아들아, 인간의 손에서 컸지만 너는 그들과 다르다. 인간은 위대해지길 꿈꾸며 잠재력이 있다. 인도해줄 빛이 있다면, 바로 그 선한 인간들을 위해 널 보낸다."

자기의 뚜렷한 사명, 자신의 존재 이유를 깨닫는 자는 최선을 다하게 된다.

그 후 슈퍼맨은 자신의 정체성에 대해 흔들리지 않았다.

"남의 삶을 살지 말고 자신의 삶을 사세요. 그러면, 실패한다고 해도 후회하지 않을 거예요!" – 영화 〈어메이징 스파이더맨 2〉

당신이 하고 있는 業의 정체성은 무엇입니까?

마누라 죽이기

'신이시여, 하늘이 노랗습니다. 제 마누라를 데려가소서!'

서로 뜨겁게 사랑하여 결혼한 두 사람, 봉수(박중훈)와 소영(최진실).
결혼 5년차에 접어들자 잔소리만 하고, 옆에 있으면 아무 느낌이 없고, 깐깐
하기만 한 마누라! 웃는 모습도 밉게 보이고, 밥을 먹어도 밉고, 입만 열어도
밉고….

사랑이 식으면 어떤 행동을 해도 다 밉게 보인다.

어느 날 봉수는 그런 마누라를 죽이기로 결심하고, 자기 딴에는 마누라가 싫
어하고 힘들어할 일만 만들어낸다. 무섭다는 바이킹을 타도… 청룡열차를 타
도 아내는 무서워하기는커녕 더 재밌어 하고 즐거워하고, 그렇게 해주는 남편
이 고맙기만 하다.

그래도 안 죽는다면 인터넷에 나오는 방법대로 해보시라.

1. '사랑해'라고 외친다 – 귀 터져 죽는다.
2. 으스러져라 꼭 안아준다 – 숨 막혀 죽는다.
3. 뽀뽀만 하고 키스는 안 해준다 – 애가 타서 죽는다.
4. 아내 모습을 당신 눈 속에 가득 담는다 – 익사한다.
5. 심장이 멎을 정도로 행복하게 만든다.

이 책을 보시는 여성분들을 위하여 〈남편 빨리 죽이는 10가지 방법〉을 찾아보았다.

1. 남편이 뚱뚱해도 개의치 않는다.
2. 술을 마셔도 방치하고, 오히려 단 과자를 권한다.
3. 항상 가만히 앉아만 있게 한다.
4. 기름진 음식을 계속 식탁에 올린다.
5. 짜고 매운 식사에 길들게 한다.
6. 설탕을 넣은 커피를 벌컥벌컥 들이켜게 한다.
7. 담배를 피워도 내버려둔다.
8. 밤을 새워 일을 해도 자라고 권하지 않는다.
9. 같이 운동을 하자고 조르지 않는다.
10. 남편이 한 일에 대해 끊임없이 잔소리를 해댄다.

영화 〈미스터 & 미시즈 스미스〉에서 권태기에 접어든 스미스 부부는 서로를 죽이기 위해 총과 칼을 들고 싸운다. 부부가 아니라 원수다.

결국 이들 부부가 사랑을 찾아가듯 오늘 그렇게 죽이고 싶은 배우자가 나의 임종 순간을 가장 슬퍼할 사람임을 기억하자. 자식마저 떠나가도 남아 있을 그 사람을….

너 죽고, 나 살자.
……

이웃사람

남편은 말한다.
"어떻게 엄마가 딸을 무서워하니? 난 꿈속에서라도 보고 싶은데…. 당신은 여선이를 당신 친딸이라고 생각한 적이 없었던 거야."

生母의 마음으로 일을 하면 모두가 사랑의 대상입니다!

강풀의 만화를 원작으로 만든 영화.

돌아왔어요.

죽은 딸이 일주일째
집으로 돌아오고 있다!

여보,
무서워요!

**왜, 엄마가 딸을
무서워할까?**

긍정

·

실패를 인내하게 하는 힘

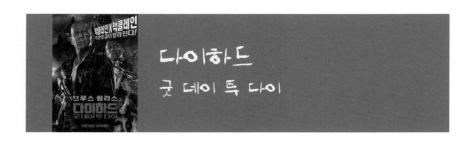

다이하드
굿 데이 투 다이

1988년에 존 매클레인이 뉴욕 경찰로 등장하는 〈다이하드〉 1편이 나온 지 벌써 25년이 흘렀다.
올해로 59세가 된 브루스 윌리스는 〈다이하드〉 시리즈에서 수많은 악당들을 물리치며 자신의 임무를 완수했다.

일에는 충실 : 가정에는 소홀

가정을 제대로 돌보지 못해 아들과의 관계가
원만하지 못한 그가 뒤늦게 후회하며 말한다.

자녀는 금방 어른이 된다.
시간을 같이 보내자.
흘러간 시간은 다시 오지
않는다.

불량공주 모코코

할머니가 손녀 모코코에게.

"누구나 재능은 있어. 네 아버지의 특별한 재능은 뭐든 실패한다는 것이지."

실패도 재능으로 받아들이자.

"저는 1200번을 실패한 것이 아니라 백열등을 만드는 데… 1200가지 방법으로는 되지 않는다는 것을 깨달았을 뿐입니다."라며 1201번째 실험에서 백열등을 만드는 데 성공한 에디슨처럼…

'실패를 인내케 하는 긍정의 힘은 누가 주는 걸까?'

서점 가다가 되돌아왔다.
이런 생각이 들었기 때문이다.
'도대체 그 책이 내게 무슨 소용이 있지?'

애비에이터

영화계의 전설 하워드 휴스의 젊은 시절을 다룬 전기 영화.
뛰어난 머리와 매너, 부모로부터 물려받은 막대한 재산으로 20세의 나이에
억만장자가 된 하워드 휴스.

자신의 회사에서 일하는 직원들을 격려하며 지나가는데 한 직원이 휴스에게
말한다.
"2배로 열심히 일하겠습니다."
그러자 휴스가 그를 보며 더 분발하라는 뜻으로 대답을 한다.
"4배로 열심히 일하게. 그래야 내가 반값으로 자네를 데려온 것이
되지."

우리는 어떤 자세로 직장에서 일하는가?

월급 받는 만큼만….
월급보다 조금 적게….
내가 받는 월급의 4배 정도의 노력으로….

그 자세 한 달 한 달이 모여서 우리의 인생이 된다. 거지 근성을 버리고 주인
의식으로 일하자. 내 인생의 주인이 나이듯이, 회사의 주인이 나라는 자세로
일하다 보면 언젠가 내가 그 회사의 'CEO'가 될 수도 있다.

거지가 가장 듣고 싶은 말….

거지가 가장 듣기 싫어하는 말…

혹시 나에게 거지 근성은 없는가?

킹콩

결론을 알 수 없는 상황에선 한 번의 판단이 인생을 좌우한다.
그땐 자신의 느낌을 따라가야 한다.
통찰력이 있어야 한다.

당신은 적을 구별할 줄 아는 통찰력이 있는가?

수억만 년 전의 원시림이 존재하는 해골섬에서 여주인공
앤 대로(나오미 와츠)는 이야기로만 들어왔던 거대한 공룡과
킹콩을 만나게 된다. 생명을 구하기 위해선 둘 중 한 명을
선택해야 하는데….

인생의 중요한 선택의 순간마다 후회하지 않을 최선을
선택하기 위해선 상황을 읽고 분석하는 능력을 키워야 한다.

킹콩 : 공룡
누가 적인가?

매스컴에 내가 하던 사업이 보도되었을 때 찾아오고 전화하던 그 많은 사람들은 다 어디로 갔을까? 적과 아군을 구별하는 통찰력을 내가 미리 지니고 있었다면 사업은 다른 방향으로 전개되었을까?

통찰력은 지니고 태어나는 것이 아니라 훈련되는 것이다. 먼저 자신의 한계를 알고, 배운 지식을 엮는 지혜를 개발하자. 적을 알고 대응하는 것은 미래의 기회를 선점하는 것이며, 이는 준비된 자에게만 주어지는 특권이다.

후회를 하더라도 스스로 결정하자!

인생의 나이테!

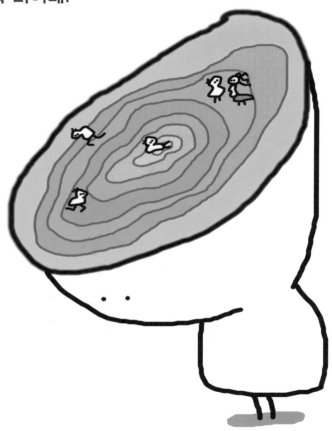

영화 〈시티 오브 에인절스〉에서 의사로 나오는 멕 라이언이 자신의 피를 현미
경으로 들여다보며 천사 니컬러스 케이지에게 말한다.

"이 세포들이 다 나예요. 그 사이의 공간들까지 모두 나예요."

마찬가지로 인생에서 겪은 큰 사건들은 우리의 사고와 감정과 대인 관계에 직
접적으로 깊게 영향을 미친다. 무의식적으로 사건과 사건 사이의 사소한 일들
은 추억 속에 묻혀버리지만, 나도 모르는 사이에 시간과 시간 사이의 공간까
지 모두 인생의 나이테에 기록으로 남게 된다.

기억으로 남아 있지 않은, 내가 무시한 그 시간까지 모두 '나'이다.

보잘것없는 그 작은 시간들이 모여 삶에 대한 태도, 다른 사람이나 자신을 보
는 태도, 즐거움과 슬픔을 대하는 태도와 외부로 드러나는 '나'의 모습으로 나
타난다.

기쁜 일과 기쁜 일 사이의, 고난과 기억하기 싫은 순간들까지 모두가 모여 내
인생의 나이테를 형성한다.

똑바로 자란 나무, 삐뚤삐뚤 자란 나무.
눈에 보이는 외모로만 평가하지 말자. 그가 겪은 인생의 나이테를 들여다보면
우리는 모든 사람 앞에서 겸손할 수밖에 없다.

친절한 금자 씨

…ㅠㅠ… 흑, 흑…

아니, 왜 그렇게 울고 계세요?

코끼리가 죽어서요.

코끼리요? 코끼리를 무척 사랑하셨나 봐요?

**"휴…, 슬퍼서가 아니라
구덩이 팔 생각하니까…."**

영화 〈친절한 금자 씨〉에서 이영애는 눈을 빨갛게 화장하고 나온
다. 친구가 물었다.
"눈은 왜 빨갛게 칠하니?"
"응, 친절해 보이려고."
………오히려 무서워 보인다.

현재 내가 옳다고 하는 행동이 타인에겐 반대로 느껴질 수도 있다.

투캅스

불량 형사 안성기와 고지식한 신참 형사 박중훈의 좌충우돌 범죄 소탕 이야기이다.
교회 예배 시간에 안성기가 감사 헌금을 넣었다가 몰래 빼내는 장면을 보고 박중훈이 묻는다.

"안수집사는 아무나 되나 보지요?"

그런 후배에게 선배는 검도 연습장에서 말한다.

"네가 그렇게 잘났어? 한 점의 부끄럼이 없다면 나를 치거라!"
"퍽!"

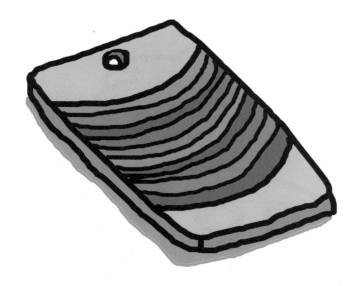

모 그룹 회장은 일본에서 국세청장을 지낸 관리와 오랜 친분을 쌓고 있었다. 어느 날 그 관리의 집에 갔는데, 그 부인이 빨래판에 빨랫감을 올리고 손으로 문질러 빨고 있는 것을 목격했다. 회장은 보기도 민망하고 친한 사이라 별 생각 없이 세탁기 한 대를 보내주었다.

그런데 그 국세청장이 회장을 불러 말했다.
"당신이 나와는 수십 년 친구라 나를 정확히 아는 줄 알았는데…, 섭섭하오. 당신은 많은 재산과 종업원을 거느리면서 나름대로 만족하며 살겠지만, 나도 나 나름대로 만족하게 살고 있소. 집은 20평도 안 되고 세탁기도 없어 빨래판에 빨래를 하지만, 나는 우리 국민 모두에게서 존경받는 사람이요. 그 존경을 당당하게 받을 수 있는 것은 양심적으로 거리끼는 일을 안 한다는 자부심이 있기 때문이오. 비록 돈은 없지만 나는 일생을 깨끗하게 사는 것으로 국민에게 본보기를 보이려는 사람이오."

시대가 바뀌고 세상이 변해도 곧은 신념으로 한결같은 존경을 받을 수 있는 지도자가 그립다. 20년 후 당신이 그런 지도자가 되라!

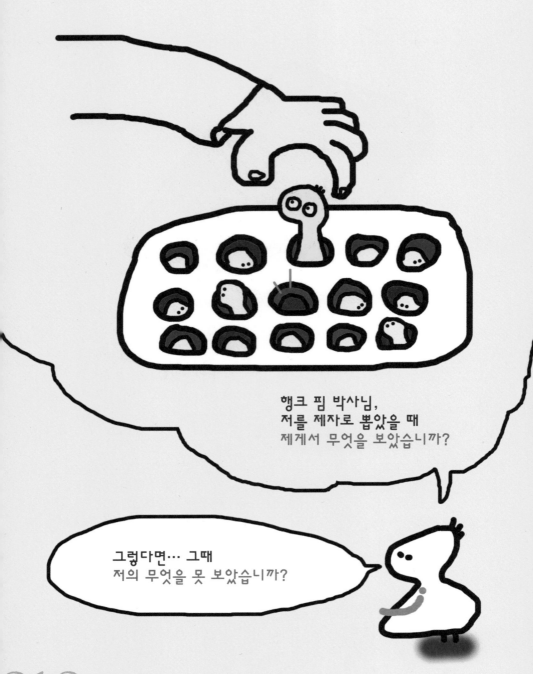

앤트맨

당신은… 당신을 채용하시겠습니까?

아북의 왕

진정한 아부란
소중한 것을 지키기 위해 모든 것을 버리는 것이다!

파이어 월

사슬의 강도는 사슬을 연결하는 가장 약한 부분에 달려 있다.

영화 〈파이어 월〉에서 주인공 잭 스탠필드(해리슨 포드)는 컴퓨터 보안 전문가로서 랜드락 퍼시픽 은행 최고 간부이며 첨단 기술로 해킹 방지 시스템과 방화벽을 구축한 사람이다. 그러나 아무리 잘 만든 프로그램도 약점은 있다.

마찬가지로 사람은 누구에게나 약한 부분이 있다.

열등감에 약한 사람, 자신감에 약한 사람, 돈에 약한 사람, 건강에 약한 사람, 여자에 약한 사람, 권력에 약한 사람, 명품에 약한 사람….

그 약한 부분을 건드리면 대부분의 사람은 넘어진다. 이성을 잃어버리거나, 분노하거나, 삶의 의욕을 상실한다.

자신감으로 똘똘 뭉친 사람은 오히려 그 자신감 때문에 교만해지고, 나태해지고, 방자해진다. 가장 강하다고 여기던 부분이 오히려 가장 약한 부분이 될 수도 있다.

보안 프로그램의 튼튼함은 그 시스템의 가장 약한 부분에 의해 결정되고, 개인의 건강함도 그 개인의 가장 약한 부분에 의해 결정된다.

당신의 가장 약한 부분은 어디입니까?

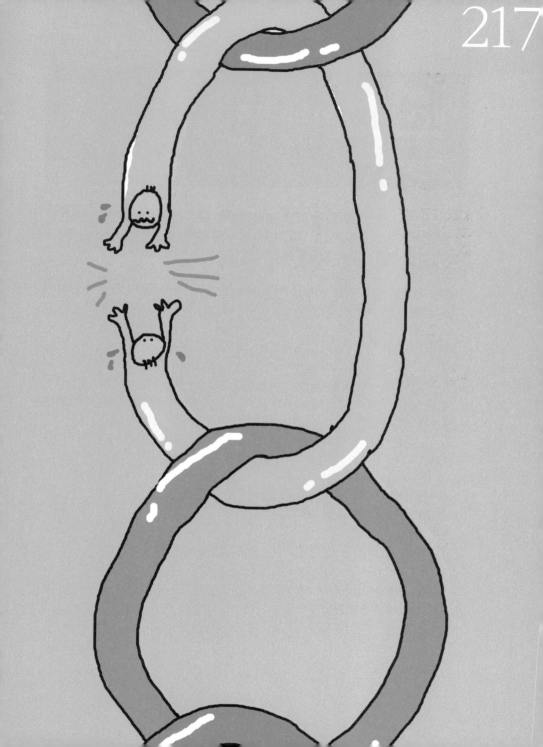

이프 온리

같이 있으면 다투고, 짜증 부리고, 불평불만을 털어놓았는데…. 어느 날 성공한 젊은 비즈니스맨 이언(폴 니컬스)이 보는 앞에서 그의 연인 서맨사(제니퍼 러브 휴잇)가 교통사고로 목숨을 잃는다.

이언이 슬픔에 묻혀 밤을 지새운 다음 날 아침, 그는 믿지 못할 현실에 당황해한다. 분명 어제 죽은 서맨사가 자기 옆에서 잠을 자고 있는 것이었다.

어제가 다시 반복되고 있었다!

이언은 다시 주어진 하루 동안 그녀의 운명을 바꾸려 노력한다. 하지만 어제와 같은 일들이 계속 반복되는 것을 보며 그는 정해진 운명을 바꿀 수 없음을 깨닫는다.

이언에게 다시 주어진 서맨사와의 마지막 하루.

그는 서맨사에게 묻는다.
"하루밖에 못 산다면 뭘 할 거니?"

당신은 하루밖에 못 산다면 무엇을 하실 겁니까?

이언은 그녀를 살리기 위해 자신의 생명을 희생하기로 결심한다. 그러면서 마지막으로 그녀에게 말한다.
"사랑을 배웠다면 충분한 삶을 산 거잖아! 5분을 더 살든, 50년을 더 살든…."

218

사람들은 대개 늘 반복되는 문제를 안고 살아간다.

"왜 우리는 늘 똑같은 문제로 고민할까?"

홀랜드 오퍼스

택시 기사가 말한다.

"요즘은 개들이 똑똑해서 길을 건널 때 횡단보도로 다녀요. 그래서 사람 보고 운전하다가는 사고 나기가 쉬워요. 오죽하면 요즘 택시 기사들은 눈높이를 개에게 맞춰야 한다는 얘기가 나왔겠어요."

당신은 삶의 어느 부분에 눈높이를 맞추는가?
단기적 목표인가, 장기적 목표인가?

영화 〈홀랜드 오퍼스〉에서 주인공 글렌 홀랜드는 현실 때문에 어쩔 수 없이 음악 교사의 길을 택한다. 그러나 시간이 지나면서 학생들의 마음을 이해하기 시작한다.

아무 재능이 없다면서 자신감을 잃은 빨강머리 랭에게 묻는다.
"거울을 볼 때 어디가 제일 맘에 드니?"
"머리카락요!"
"왜?"
"아빠가 노을처럼 예쁘대요."
"그래, 그럼 눈을 감고 노을을 생각하며 연주해보렴."
랭은 멋지게 클라리넷을 연주하며 자신감을 회복한다.

사람을 대할 땐 그 사람의 가슴에 눈높이를 맞추고, 비전을 세울 땐 가장 높은 곳에 눈높이를 맞추자.

내 꿈에 눈을 맞추려면 어디쯤 바라봐야 하나요?

"개에게 눈높이를 맞추어라!"

이퀄리브리엄

영화 〈이퀄리브리엄〉은 가까운 미래에 제3차 세계대전이 끝난 후 살아남은 인간들이 더 이상의 전쟁을 방지하기 위해 만든, 모든 감정이 통제되는 미래 도시를 배경으로 시작한다.

전쟁 없는 도시 리브리아의 총사령관은 '프로지움'이라는 약물을 정기적으로 투여함으로써 온 국민들이 사랑, 증오, 분노… 등의 어떤 감정도 느끼지 못하는 상황을 만든다.

"만약 내 감정이 누군가에 의해 지배당한다면?"

마지막 여주인공의 대사가 떠오른다.
"사랑 없이 숨 쉬는 것은
단지 시곗바늘에 불과하다."

감정을 표현할 수 있음에
감사하며 살자!

머리 위에
감정의 온도계를 달고 다닌다면…?

사람들이 분노를 표현하는 데는 세 부류로 나뉜다.
첫째, 예측 불가능하고 너무나 빈번하게 분노를
터뜨리는 유형. 주변 사람들의 기피 대상이 된다.
둘째, 참고 참고 또 참다가 한꺼번에 폭발하는 유형.
셋째, 한 번도 드러내고 감정을 표현하지 않지만
속으로 복수의 칼날을 준비하는 사람.
이런 사람들은 가슴속에 '한'이 맺힌다.

유형은 다르지만 사람들은 가슴속에
분노의 시한폭탄을 지니고 다닌다.
상황에 관계없이 누군가 내 '분노'를 건드리면
폭발해버린다. 그 사람 때문이 아닌데 엉뚱하게 그에게
화풀이를 한다.

화가 나서 어리석은 일을 저지르고
그 대가를 치르느라 후회한다.
가정과 사회에서 고립되고, 마음이
병들게 된다.

다시는 안 그런다고 다짐도 하지만
누군가 내 '분노'의 자락을
건드리면 곧 다시 터져버린다.

아무도 내 감정을 건드리지 못하게
감정의 온도계가 머리 위에 붙어
있다면… 좋겠다.

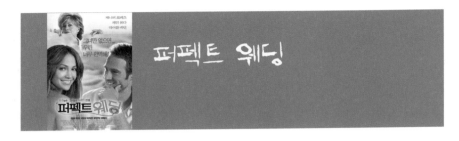

퍼펙트 웨딩

해변에서 강아지들을 산책시키는 아르바이트를 하는 찰리(제니퍼 로페즈)를 본 캐빈은 그녀에게 사귀고 싶다고 말한다. 이때 찰리는 캐빈(마이클 바턴)에게 묻는다.

"제 눈이 무슨 색이지요?"

…정말 관심이 있다면 자신에 대한 사소한 모든 것을 알고 있을 것이기 때문에.

당신의 눈은…

캐빈은 대답한다.

"당신 눈은 처음 보면 갈색인데, 빛을 받으면 호박색으로 변하고 홍채 주위를 정말 자세히 들여다보면 순수한 벌꿀색이지요. 하지만 당신이 태양을 바라볼 땐 거의 녹색 같아요. 제가 가장 좋아하는 색이지요."

관심을 가지면 안 보이던 것도 보이게 된다!

이 정도 관심에 안 넘어갈 여자 있을까?

그런데 내 마누라 눈은 무슨 색이지????

"제발… 제 아내를 유혹해주세요!"

영화 〈내 아내의 모든 것〉에서.
결혼 생활이 지겨워 매일 수도 없이 이혼을 결심하지만 아내(임수정)가 무서워 말도 꺼내지 못하는 소심한 남편(이선균). 방법을 찾다가 전설적인 카사노바(류승룡)에게 부탁한다. 아내를 유혹해달라고.

카사노바가 남편에게 요구한다.
"네 아내의 모든 것을 알려줘."

카사노바의 지시로 아내를 관찰하면서 그동안 보지 못했던 아내의 진가를 발견하는 남편. 가깝다고, 부부라고… 해서 배우자에 대한 모든 것을 알고 있는 줄 알았는데….

아내 정인.
"살다 보면 말이 없어집니다. 서로 다 안다고 생각하니까 굳이 할 말이 없어지는 거예요. 거기서부터 오해가 생겨요. 침묵에 길들여지는 건, 무서운 일이죠."

조금씩 아내를 이해하고 알게 되면서 남편은 말한다.
"옛날에 너 투덜대는 거 너무 듣기 싫었는데…, 그거 네가 외로워서 그러는 건지 몰랐어. 근데 내가 외로워보니까 알겠더라고."

내가 사랑하는 사람들, 나는 얼마나 잘 알고 있는가?
당신은 언제부터 아내가(남편이) 여자로(남자로) 보이지 않았습니까?

사랑하는 사람의 장점 적어보기

〈남다른 관점〉
기존 멜로 영화 – '어떻게 하면 이성을 사로잡고 완벽한 사랑을 할 수 있을까?'
내 아내의 모든 것 – '어떻게 하면 가장 완벽하게 헤어질 수 있을까?'의 역발상.

신데렐라 맨

미국의 최고 암흑기였던 1930년대 경제 대공황 시기….
전도유망했던 라이트헤비급 복서 브래덕(러셀 크로)은 잇단 패배와 부상으로
복싱을 포기하게 되고, 아내(러네이 젤위거)와 아이들을 위해 각종 허드렛일을
하며 생계를 꾸려나간다.
찢어지게 가난한 생활을 이어가던 어느 날, 아침 식사 시간에 브래덕이 딸에
게 음식을 덜어주면서….

"아빠는 꿈속에서 너무 많이
먹어서 배가 불러! 그러니 네
가 도와줄래."

자식을 키우면서 우리는 부모의
마음을 배운다. 가족과 같이하는
식사 시간에 두 아들 녀석이 좋아
하는 음식엔 나도 손이 잘 가질 않
는다. 조금이라도 그놈들이 더 먹
기를 바라는 마음에서….

당신의 소중한 자녀가 꼭 알기를 바라는 교훈 한 가지 적어보세요.

대공황의 가난 속에서 복싱에 대한 꿈을 단념하지 못한 브래덕은 결국 다시 링 위에 오르고, 왜소한 체구와 끊임없는 부상에도 불구하고 연승 행진을 이어간다.

그러던 중 이미 2명 이상의 상대를 사망 직전까지 몰아간 악랄한 챔피언 맥스 베어와의 결전(1935)을 눈앞에 둔 브래덕….

시합에 대한 불안감으로 초조해하며 잠을 못 이룬다. 생의 마지막이 될지도 모를 경기를 위해 링에 오르기 전에 아내는 남편에게 말한다.

"제 응원 없이 당신은 못 이겨요. 당신이 누구인지만 기억하세요. 뉴저지의 자랑이며, 당신은 우리 모두의 희망이고… 제 마음속의 챔피언입니다."

브래덕에겐 시합 날 뉴저지 주의 교회에서 다 함께 모여 기도해주는 주민들이 있었고, 가진 돈을 몽땅 털어서 비싼 입장료를 마련하여 응원 온 친구들이 있었다.

그리고… 언제나 그를 챔피언으로 생각하는 아내가 있었다.

나를 챔피언이라 생각하며 응원해줄 사람 5명만 적어보세요.

1.   2.   3.   4.   5.

이유는 무엇입니까?

당신 외에 당신을 가장 잘 아는 사람은 누구입니까?

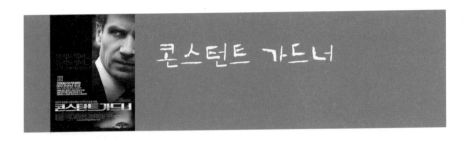

콘스턴트 가드너

2000년 존 르 카레가 발표한 동명의 베스트셀러 소설을 영화화한 작품이다. 적극적이고 열정적인 성격의 인권운동가 테사(레이철 바이스)와 정원 가꾸기가 취미인 조용하고 온화한 성품의 외교관 저스틴(랠프 파인즈)은 결혼을 결심하고, 케냐 주재 영국 대사관으로 발령을 받아 아프리카로 간다.

아프리카 난민들과 아이들을 보고 그들을 도우려는 테사에게 저스틴이 얘기한다.

"남들 인생에 끼어들 순 없어. 이성적으로 생각해. 그건 구호 단체서 할 일이야!"

누군가를 위한 빈 의자가 되어본 적이 있는가?

아이스 에이지 4

질문 있어요.

코끼리는 코로 물 마시면 콧물 맛이 나나요?

230

호기심을 키우려면 다음의 질문을 수시로 던져야 합니다.

- 왜 안 된다고 하는 걸까?

- 거꾸로 하면 어떻게 되나?

- 도대체 저것은 무엇인가?

호기심이 있으면 문제 해결 능력도 향상됩니다!

다크나이트 라이즈

아래 나선형 원에 자신이 원하는 방향으로 화살표를 해보세요.

배트맨은 화살표를 어떻게 표시했을까요?

배트맨 비긴즈의 악당 – 라스 알 굴
다크나이트의 악당 – 조커
다크나이트 라이즈의 악당
– 베인

이들의 공통점은?

모든 잘못된 원인을 외부로 돌리며
정의라는 주관적 판단 하에
사회를 혼란시킨다.

배트맨은 이와 반대로,
고담 시를 위해 목숨을 걸고
악당과 싸웠던 자신의 자아와
내면의 정체성을 고민한다.
그리고 자신이 존귀하고
소중한 존재임을 깨닫고
다시 태어난다.

당신 내면의 자존감을
먼저 rise합시다!

Epilogue

스파이더맨, 슈퍼맨, 배트맨, 엑스맨 같은 모든 영화 속 주인공들도 '나는 누구인가?' 라는 문제로 고민하다 마침내 진정한 자신의 정체성을 찾아갑니다.

마찬가지로 모든 생각의 시작은 바로 'Who am I?' 에서 시작합니다.
스스로 질문하고 스스로 답을 찾아야 하지요.

집에서 TV나 컴퓨터로 영화를 볼 때는 지루하거나 재미가 없으면 빨리 감기나 건너뛰기를 하면 됩니다. 하지만 영화관에서 볼 때는 아무리 지루해도 빨리 감기를 할 수가 없습니다. 또는 감동받아서 다시 보고 싶어도 되감기를 할 수가 없습니다.
영화가 맘에 들지 않으면 극장을 나오거나 잠을 자는 방법밖에 없습니다.
선택은 자신이 하는 것이지요.

인생도 마찬가지입니다. 똑같이 주어지는 하루 24시간.
현실이 고달프다고 해서 건너뛸 수도 없고, 과거에 미련이 남는다고 되감기를 할 수도 없습니다. 순간의 고통을 잠시 잊고자 일시정지 버튼을 누를 수도 없지요.
최선을 다하든가, 포기하든가…. 역시 선택은 자신이 하는 것이지요.

카툰을 그리는 저에게는 아무리 재미없는 영화도 다 의미가 있더군요. 그 속에는 작가의 의도가 있거든요. 그래서 저는 사람들의 인생이 다 다르듯이 '세상의 모든 영화는 교과서다'라고 생각합니다.

관점을 바꾸어보세요.

당신의 인생은 장편영화입니까?
당신의 인생은 단편영화입니까?
당신의 인생은 시리즈물입니까?
……
……
아니면… 예고편만으로 끝나는 인생입니까?

모든 영화는 'The End'로 끝납니다.
그러나 우리 인생의 영화는 이제 시작입니다!

아직 끝나지 않았어.
내 생각은···

물속의 물고기도 목이 마르다

최윤규 지음 | 자기계발 | 304쪽 | 값14,800원

위트 넘치는 카툰과 글로 만나는 리더십!

한 컷의 카툰에 담긴 놀라운 힘『물속의 물고기도 목이 마르다』. 이 사회를 이끌어가는 리더를 비롯한 평범한 모든 사람들이 행복해지기 위해 리더의 역할은 무엇인지, 우리가 추구해야 할 '삶의 방향'은 무엇인지, 위트 넘치는 카툰과 글로 제시해준다. 저자는 이 책에서 인생을 숲에 비유하면서, 그 숲을 바라보는 관점을 바꾸면 인생 경영에 필요한 기회와 실천 방법을 발견할 수 있다고 말한다.

마음을 울리고 감성을 자극하는 따뜻한 위로가 되는 이 책은 세상을 바라보는 따뜻하고 새로운 시선을 제시한다. 한 조직의 조직원이기도 했고, 노점상도 해보고, 리더도 되어본 저자가 자신의 인생에 적용했던 따뜻한 리더십은 매우 사소할 수 있지만, 그 말들 속에는 심금을 울리는 중요한 메시지가 있다. 촌철살인의 글과 친근하면서도 무릎을 치게 하는 기발한 카툰이 읽는 재미, 보는 재미를 더한다.

사랑이란

사랑이란,
내게서 너의 이미지를 찾는 것!

오늘 내 마음속에서 또
비교의식이 해엄을 친다.

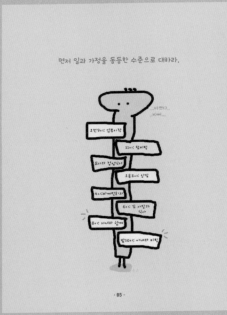

먼저 일과 가정을 동등한 수준으로 대하라.

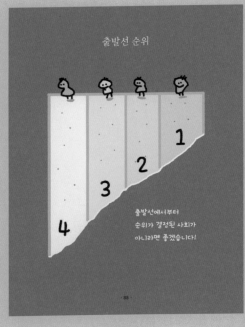

출발선 순위

출발선에서부터
순위가 결정된 사회가
아니라면 좋겠습니다!

인생과 도미노

인생은 도미노와 같다!
사는 동안에 생각의 흐름 하나만 바꾸면 인생 전체가 달라진다.

내 인생을 바꿔 줄
멋진 사람은
어디에 있을까?

멋진 사람

내 인생을 바꿔 줄 멋진 사람은 어디에 있을까?

그 멋진 사람이 바로 당신 자신이라는 생각은 해 보지 않으셨나요?

나의 적

나의 적은 내 안에 있다.

자기중심 벽

기업 경영자를 갉아먹는
가장 질이 나쁜 질병은 자기중심 벽이다.

여기 망치 하나를 공짜로 줄 테니
당신 스스로 쌓아 올린 벽을 쎄뜨려라.
지금 당장!